NAMIBIA

Um den Hals schlingen sie einen Lederring mit aufgenähten Blättchen aus Straußenei-Scheibchen, und an den Handgelenken klirren unzählige Metallringe. Verheiratete Frauen erkennt man an einer kleinen Lederkrone auf dem Scheitel. Die Haare, die zu vielen dünnen Zöpfchen geflochten sind, hängen über die Schultern, und junge Mädchen haben zwei dicke Zöpfe, geformt wie die Hörner von Rindern.

Carmen Rohrbach, »Namibia«, Abenteuerliche Begegnungen mit Menschen, Landschaften und Tieren, 2005

NAMIBIA

Christian Heeb · Roland F. Karl

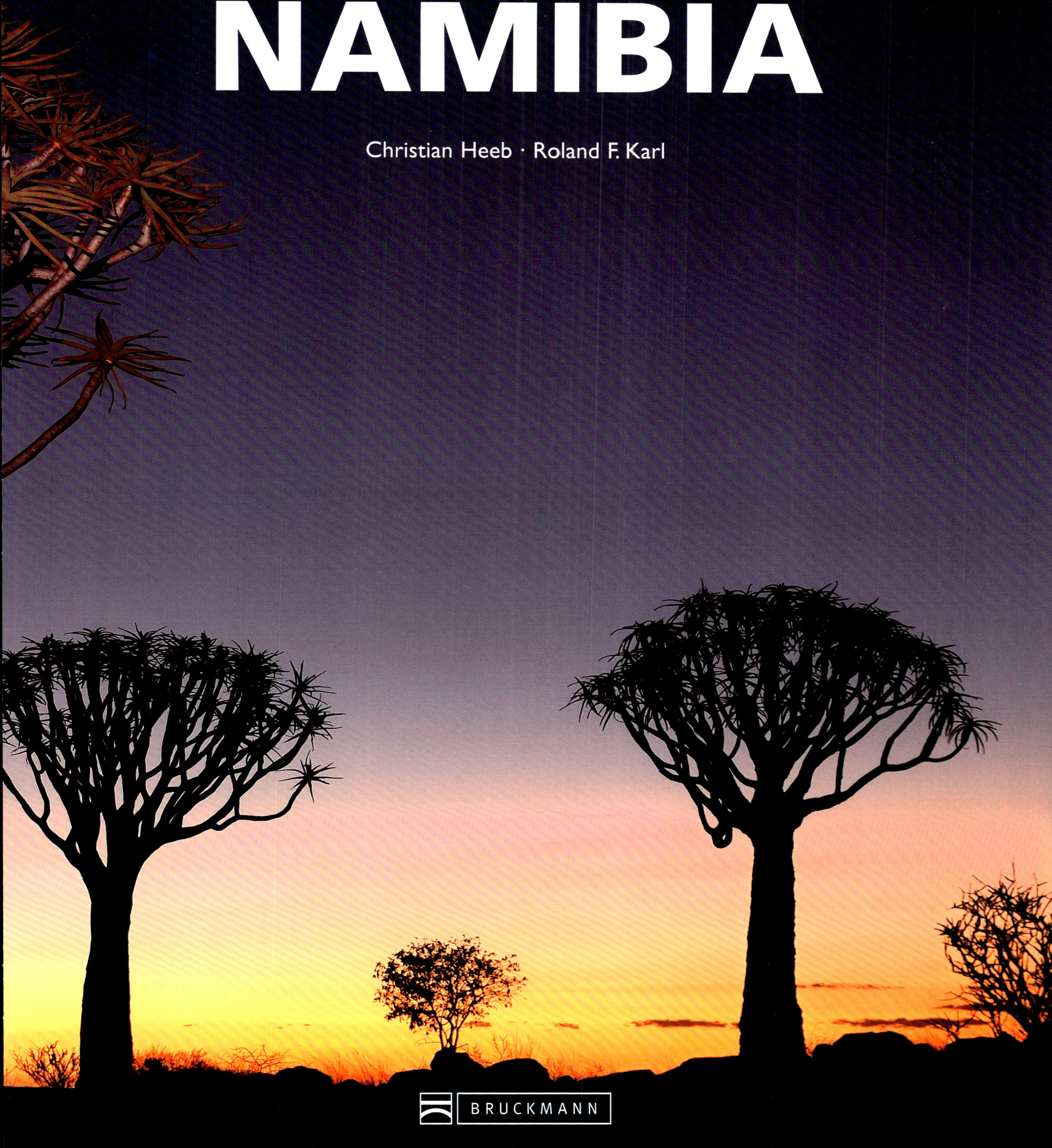

BRUCKMANN

Inhalt

Seite 1: Im Nordwesten Namibias schlägt noch das ursprüngliche Herz von Afrika: Begegnungen mit den »Ockermenschen«, den Himba, sind zu jeder Zeit möglich, ganz sicher in der Kunene Region, in einer ihrer versprengten nomadischen Himba-Ansiedlungen.

Seite 2–3: Sonnenuntergang im Quiver Tree Forest, Keetmanshoop, Karas-Region.

Großes Bild: Camper vor der berühmten Dune 45 im Namib Naukluft National Park

Seite 7: Der Kunene River fließt zur Skeleton Coast, Kunene Region.

ANGOLA
SAMBIA
Sioma Ngwezi National Park
Luiana
Kwando
Sambesi
Schuckmannsburg
Zambezi National Park
Caprivi Game Park
Katima Mulilo
Mambova
Ngoma
Chobe
Kasane
C a p r i v i
Lianshulu Lodge
Mahango Game Park
Bagani
Mudumu National Park
Sang-wali
Linyanti
Lake Liambezi
Victoria Falls
Kazuma Pan National Park
Chobe National Park
Okavango
O k a v a n g o D e l t a
Sepupa
Mamili National Park
BOTSWANA
SIMBABWE
siehe Ausschnitt oben
Caprivi Game Park
Bagani
Okavango
Sepupa
Sankara
Kunene River
Epupa Falls
Ruacana Waterfall
Ruacana
Uutapi (Ombalantu)
Oshikango
Oshakati
Ondangwa
Nkurenkuru
Cuangar
Okavango
n'Kwasi Lodge
Rundu
Dirico
Nyangana
Marienfluss
Hartmannberge
Kaokoveld
Opuwo
Ovamboland
Kavangoland
Skeleton Coast Park
Cape Frio
S k e l e t o n C o a s t
N a m i b - W ü s t e
Etosha National Park
Rietfontein „Trekker“ Monument
Namutoni
Cshivelo
Ombili Stiftung
Tsintsabis
Omatako
Khaudom Game Park
Halali
Okaukuejo
Oshikoto Lake
Tsumeb
Buschman-land
Sikereti
Hoanib
Sesfontein
Anmire Traditional Village
Kanovlei
Kamanjab
Hoba Meteorit
Otavi
Grootfontein
Tsumkwe
Gumare
Palmweg
Möwe Bay
Ghaub Caves
Okatjoruu
Nokaneng
Otjikondo
Nyae Nyae Conservancy
Fransfontein
Mooihoek Caves
Outjo
Torra Bay
Versteinerter Wald
Khorixas
Eiseb
Hereroland
Gam
Waterberg 1857 m
Otjiwarongo
Waterberg Plateau Park
Verbrannter Berg
Twyfelfontein
Okakarara
Eiseb
Damaraland
Kalkveld
Omatako
Ugab
Sukses
Ghanzi und Okavango-Delta
Uis
Brandberg 2573 m
Daureb Craft Center
Otjinene
Omaruru
Epukiro
Omaheke
National West Coast Tourist Recreation Area
Sommerdown
Spitzkoppe 1728 m
Philips Cave & Rock Art
Cape Cross
Harnas Wildlife Foundation
Wilhelmstal
Epukiro
Usakos
Okahandja
Karibib
Henties Bay
Gross Barmen Hot Springs
Swakop
Buitepos
Mamuno
Arandis
Khan
Wlotskasbaken
Khomas Hochland
Witvlei
Rössing-Mine
Gobabis
Swakopmund
Windhoek
K A L A H A R I
Walvis Bay
Gamsberg Pass 2347m
Kule
Lone Tree
Sandwich Harbour
Rehoboth
Kuiseb Canyon
Kuiseb
Spreetshoogte Pass 1780 m
Rantberge
NAMIBIA
Leonardville
Wendekreis des Steinbocks
Solitaire
Naukluftberge
Namib Naukluft Park
Kalkrand
ATLANTISCHER OZEAN
Tshane
Aranos
Anib Lodge
Stampriet
BOTSWANA
Hardap Recreation Resort
Nossob
Sesriem
Sossusvlei
Mariental
Namib Rand Nature Reserve
Maltahöhe
Lendepas
Wêreldend
Gochas
Bossiesvlei
Gibeon
Witbooisvlei
Kgalagadi Transfrontier Park
Duwisib-Schloss
War Memorial
Schwarzrand
Fish River
Asab
Twee River
Brukkaros 1558m
Helmeringhausen
Tirasberge
Namaland
Koës
Tshabong
Garas Quiver Tree Forest
Köcherbäume
Bethanie
Keetmanshoop
Lüderitz
Kolmanskuppe
Aus
Aroab
Rietfontein
Goageb
Seeheim
Molopo
Karasberge
Pomona Ghost Town
Diamond Area 1
Fish River
SÜDAFRIKA
Witputz
Fish River Canyon
Canyon Lodge
Grünau
Rosh Pinah
Karasburg
Ai-Ais
Nakop
Oranjemund
Hot Springs
Warmbad
Augrabies Falls
Noordoewer
Orange River
TANSANIA
ANGOLA
SAMBIA
MALAWI
MOZAMBIK
NAMIBIA
ZIMBABWE
BOTSWANA
Indischer Ozean
SWAZILAND
LESOTHO
Atlantischer Ozean
SÜDAFRIKA
0 500 km
N
0 100 km
Befestigte Straße
Unbefestigte Straße
Sumpf
Salzpfanne
Nationalpark
Lodge

»DER ORT, AN DEM NICHTS IST«

Zwischen Knochenküste, Kalahari und Namib

Die Adjektive, mit denen sich die namibische Wüste schmückt, reichen von A wie »außerirdisch« bis Z wie »zynisch«; hier (großes Bild) erscheint die grausame Unbarmherzige gerade bildschön. Im nächsten Moment kann sich die Reizvolle schon wieder ganz anders präsentieren: Wenn die Sonne sinkt, eiskalt. Wenn der Feuerball steigt, mit heißblütigem Würgegriff.

Seite 8–9: Die Namib als Künstler – wenn sie nicht gleich ganze Landschaften zu beeindruckenden Skulpturen verarbeitet, reichen ihr zuweilen auch künstlerisch pointierte Details, wobei sie einfühlsam Farben und Material zu immer neuen, unverwechselbaren Bildern der Wüste werden lässt.
Seite 10–11: Eine traumhafte Aussicht bietet sich vom Waterberg Plateau.
Seite 12–13: Elefanten (Loxodonta africana) in der Nähe des Skeleton Coast Camps, Kaokoland.

Das Mondlicht stahl sich durch die Zweige. Wir hatten unser Lager unter einem Dawibbaum mit langen, zitternden, feinen Blättern, die sich im Nachtwind hin und her wiegten. Das Feuer prasselte und knisterte. Tiefe Stille herrschte, und doch schien die Nacht lebendig mit ihren tausend Stimmen. Eulen, Fledermäuse und anderes Nachtgevögel flatterten auf, und ganz aus der Ferne erklang das Bellen der Schakale.

Margarethe von Eckenbrecher
»Was Afrika mir gab und nahm«, 1911

Jedes Jahr im August gedenkt das Volk der Herero am Maherero Day in Okahandja seiner schicksalsschweren Geschichte. Diese prachtvoll gekleidete Herero-Frau stammt aus der Kunene Region.

Nach zehn Stunden und rund 8000 Kilometern in der Luft taucht während des Landeanflugs mitten im flachen, braun-grünen Savannen-Ödland eine Piste auf – es ist der Airport Windhoek International, der 45 Kilometer von der Hauptstadt entfernt ist. Wem jetzt die Bedeutung des Landesnamens »Namibia« in den Sinn kommt, stellt beim Blick aus dem Fenster fest – das könnte er sein: »Der Ort, an dem nichts ist.« So jedenfalls nennen die Nama ihr Wunderland. Im Kopf tauchen Bilder vegetationsarmer Wüstengebiete auf, trostloser Stein- und Schotterareale, die sich wie unbewohnbare Mars- oder Mondlandschaften zwischen Namibias Horizonte spannen, gewaltige Sandflächen ohne erkennbares Leben, hitzebrütende Salzlaken von der mehrfachen Größe des Bodensees.

Warum zieht es Millionen hierher, in diesen geografisch und geologisch so unwirtlichen Teil des Kontinents, der eine der ödesten und vertrocknetsten Landschaften des südlichen Afrika darstellt? Auf der Gangway glasklare Morgenluft, sonst nichts außer ein wenig Flughafenbetrieb und diesem spezifischen Geruch, der unverwechselbar und taufrisch aus den umliegenden Gras-

»Der Ort, an dem nichts ist« produziert funkelnde Diamanten, endlose Landschaftsweiten, sprudelnde Flüsse und rauschende Brandungen sowie einen Nachthimmel mit einer selten gewordenen Klarheit, die sich im Antlitz dieser anmutigen Himba-Frauen widerspiegelt.

landschaften über das Gelände streicht. Ein Duftgemisch aus reinstem Sauerstoff, blühenden Wildkräutern und der mineralienreichen rötlichen Savannenerde vielleicht, vermischt mit Essenzen aus Elefanten- und Nashorn-Dung sowie den Adrenalinausdünstungen von Antilopen, die vor dem Gebrüll der Triebwerke verschreckt geflüchtet sind. Noch kein Hinweis auf hochkarätige Diamanten, keine Spur aufständischer Hereros, von den Relikten der Kaiserzeit und ihrer legendären Schutztruppe ganz zu schweigen. Nur freundlich lächelndes Flughafenpersonal. Seit 1968 nennt sich das ehemalige Deutsch-Südwestafrika Namibia. Es grenzt im Süden an Südafrika, im Norden an

Die Herero gehören ursprünglich zu den ersten aus Zentralafrika eingewanderten Volksgruppen, den Bantu. Bis zur Kolonialzeit lebten sie als halbnomadische Viehhirten. Heute siedeln sie in verschiedenen Landesteilen, hauptsächlich aber im Kaokoveld, wie diese herausgeputzten Herero-Damen in der Nähe von Purros.

Die Geschichte der Herero passt in kein kurzes Kapitel: 1904 wurde der Herero-Aufstand am Waterberg durch deutsche Truppen niedergeschlagen und 80 Prozent der Volksgruppe wurden getötet. Die Nachkommen der Überlebenden lernen die Details dieses Völkermords auch in der Schule von Purros.

Angola, im Osten an Botswana und mit seiner nordöstlichen Ausstülpung, dem Caprivi-Zipfel, an Simbabwe und Sambia. Die Längsausdehnung zwischen dem Oranje-Fluss im Süden und dem Kunene an der Nordgrenze zu Angola misst 1280 Kilometer. Vom östlichen Teil des Caprivi bis zum Atlantik im Westen sind es ein paar Hundert Kilometer mehr. Die Unermesslichkeit dieses heiß gebackenen Landes durchziehen, wenn sie denn fließen, Flüsse als Leben sichernde Arterien. Dabei bringen es der Fish River, der Nossob, der Olifants River, der Oranje und der Okavango jeder für sich auf viele Hundert Kilometer. Nicht alle verfrachten ihr sonnengewärmtes Nass in den kalten Atlantik. Manche versickern auf dem Weg dorthin oder zu anderen großen Flüssen im Nirgendwo.

Ein Großteil des namibischen Staatsgebietes ist Hochland. Die meisten Siedlungen befinden sich in 1400 bis 1800 Metern Höhe. Der etwas feuchtere Norden reicht gerade mal für die Viehzucht, im trockneren Süden schaffen es nur noch Schafe. Im Osten flacht das Land bis auf ungefähr 1000 Meter über dem Meeresspiegel ab, bevor es in die Kalahari-Wüste übergeht. Im Westen begrenzen bizarre Gebirgsketten die weiten Ebenen der Namib. Man stelle sich vor – ein Land, eingeklemmt zwischen zwei beinharten Wüsten! Skurrile Bilder entstehen dort, wo Inselberge und Felskuppen trostlose Flächen mit Schattenwürfen überziehen und im frühen und späten Tageslicht eine landschaftliche Zauberwelt ohnegleichen schaffen.

So ist es mit dem Ort, an dem nichts ist: Die Grenze zwischen irrsinnigem Nichts und maßloser Schönheit ist hier äußerst schmal. Wer in flirrender Hitze in einer kleinen Cessna das Brandbergmassiv überfliegt, möchte sich auf keinen Fall in der brutzelnden Geröllwüste dort unten wiederfinden. Wer sich auf einer Trekkingtour ebendort aufhält, auf einem Felsvorsprung in luftiger Höhe vielleicht sein Nachtlager aufschlägt, wird das gewaltige Sonnenuntergangs-Spektakel des hitzeverbackenen Wüsten-Riesen im Kopf behalten für den Rest seiner Zeit. Noch Jahre später wird er die Abendkühle verspüren beim Gedanken ans berauschende Brandberg-Feuerwerk, das den Himmel choreografisch perfekt in Noldes Farbenwelt taucht, während die Nacht sich ganz langsam herabsenkt.

Die auffälligen Trachten der Herero-Frauen gehen auf den Einfluss deutscher Missionare und die wilhelminische Zeit zurück: Reifrock und mehrere Unterröcke sowie die hornförmige Kopfbedeckung genügten dem Keuschheitsanspruch allein natürlich nicht.

Die weit versprengt lebenden Himba, eine Untergruppe der Herero, waren zivilisatorischen Maßnahmen aufgrund ihrer Isolation weitgehend entzogen, wie sich an der Sinnlichkeit der Himba-Frau unschwer erkennen lässt.

Endlich – ein leeres Land

Das ist der Stoff, aus dem namibische Träume sind – der die Fantasie der Heimfliegenden mit einer Sehnsucht beschwert, die Hunderttausende immer wieder zurückbringt – zu Namibias unermesslichen Weiten, aus denen sich gezackte Felsgebirge erheben, zu aus der Ebene aufsteigenden Ayers-Rock-Formationen und zu einer der größten und faszinierendsten Wüsten der Welt, der Namib, mit riesigen Sanddünengebieten und nicht enden wollenden einsamen Küsten – *completely untouched.*

Mit einer Fläche von 824 269 Quadratkilometern ist Namibia zweieinhalbmal so groß wie Deutschland, hat aber kaum mehr Einwohner als Hamburg – 2,5 pro Quadratkilometer – und ist deshalb ein praktisch menschenleeres Territorium, bewohnt von Flusspferden, Giraffen, Zebras, Hyänen, Geparden und anderen Tieren Afrikas.

Tierbeobachter kommen im ariden Klima generell auf ihre Kosten, besonders, wenn die Trockenperioden sich zuspitzen. Um die noch gefüllten Wasserlöcher scharen sich dann Wildtiere in unglaublicher Vielzahl und Vielfalt. Zu verdanken ist dieser noch heute vorhandene Artenreichtum mutigen Tierschützern, die sich schon frühzeitig für die afrikanische Tierwelt und ihre Erhaltung engagiert haben.

Namibias bekanntestes Reservat, der Etosha National Park, existiert schon seit über hundert Jahren. Obwohl die namibische Verfassung festschreibt, dass der Staat mit seiner Politik dafür zu sorgen hat, dass Ökosysteme und Artenvielfalt als Erbe der Menschheit erhalten bleiben, ist diese Aufgabe im

Linke Seite: Ovambo-Mädchen beim Maisstampfen, um 1930 (oben links).
Ein Wasserträger: Ohne die oft schwere körperliche Arbeit der Eingeborenen hätte die deutsche Kolonie nicht existieren können (oben rechts).
Der Missionar Judt in Hoachanas am Auob-Vorsprung inmitten seiner »Zöglinge«, Foto von 1897(unten).
Rechte Seite: Vor dem Galopprennen am Führring um 1945 (oben).
Eine Herero-Frau im Sonntagsstaat um 1930. Bodenlange Gewänder dieser Art tragen die Herero-Frauen noch heute. Sie übernahmen sie von den weißen Siedlerfrauen (unten links).
Ramansdrift, Fähre über den Oranje-Fluss um 1897 (unten rechts).

Daten und Bilder zur Geschichte

um 25 000 v. Chr. Felszeichnungen und Gravuren von Urvölkern deuten auf eine sehr frühe Besiedlung hin, 5000 v. Chr. Felsgravuren bei Twyfelfontein.

1485/86 Der portugiesische Seefahrer Diogo Cão sucht im Auftrag König Johanns II. von Portugal den Seeweg nach Indien und betritt als erster Europäer den Boden Namibias bei Cape Cross.

1487/88 Sein Landsmann Bartolomeu Diaz umsegelt als erster das Kap der Guten Hoffnung; in der Lüderitzbucht errichtet der berühmte Entdecker ein Steinkreuz.

15./16. Jahrhundert Buschleute sowie hier lebende Nama und Damara werden zunehmend von Bantu-Stämmen, vor allem den Herero, bedrängt, die von Norden her vorrücken.

1723 Buren – in Südafrika angesiedelte Holländer – ziehen vom Kap ins südliche Namibia ein.

18. Jahrhundert Amerikanische und englische Walfänger gründen Stützpunkte bei Walvis Bay (Walfischbai), Lüderitz und Sandwich Harbour; 1793 nehmen Kap-Holländer Walvis Bay in Besitz.

seit 1800 Krieger des Herero-Stammes rücken von Norden her vor, erste Auseinandersetzungen mit den dort bereits siedelnden Nama um Weideplätze und die Vorherrschaft.

1806 Beginn der Missionstätigkeit in Warmbad.

seit 1830 Weiße Händler aus der Kapregion erweitern ihren Geschäftsbereich bis nach Südwestafrika.

seit 1840 Afrikaans sprechende Orlam-Nama, von den Buren auch als »Hottentotten« bezeichnet, wandern von Südafrika ins zentrale Hochland ein. Ihr Häuptling, Jan Jonker Afrikaner, tauft seine Siedlung »Klein Winterhoek« und begründet damit die heutige Hauptstadt Windhoek.

1842 Die Rheinische Mission lässt sich in Windhoek nieder, dann in Otjikango (Groß-Barmen) und Gobabis, in Scheppmannsdorf (Walvis Bay) und in Otjimbingwe.

1863–70 Kämpfe zwischen Nama und Herero.

1878 Annexion des Seehafens Walvis Bay durch Großbritannien.

1883 Der Bremer Kaufmann Adolf Lüderitz erwirbt vom Nama-Häuptling Josef Fredericks das Land um die Bucht Angra Pequena, die heutige Lüderitzbucht, und legt damit den Grundstein für die Kolonie Deutsch-Südwestafrika.

1884 Reichskanzler Otto von Bismarck erklärt Lüderitz und Umgebung am 24. April zum deutschen Protektorat, die Deutsche Kolonialgesellschaft für Südwestafrika wird gegründet.

1890 Im Helgoland-Sansibar-Vertrag überlässt England dem deutschen Schutzgebiet den Caprivi-Zipfel, der Deutsch-Südwestafrika mit Deutsch-Ostafrika (Tansania) verbinden soll. Namibia wird deutsche Kolonie. 1900–02 Eröffnung der Kupfermine in Tsumeb und der Eisenbahnlinie Windhoek–Swakopmund.

1903–06 Aufstände der Herero und Nama werden von General von Trotha, dem Kommandierenden der Schutztruppe, blutig niedergeschlagen; drei Viertel aller Herero und die Hälfte aller Nama werden getötet, die Überlebenden in Reservate gezwungen und zur Zwangsarbeit verpflichtet.

1908 Erste Diamantenfunde bei Lüderitz; Eröffnung der Eisenbahnlinien Lüderitz–Keetmanshoop–Windhoek, Swakopmund–Grootfontein–Tsumeb.

1914 Ausbruch des Ersten Weltkriegs und nach mehreren ungünstig verlaufenen Gefechten Kapitulation der deutschen Schutztruppe vor den britisch-südafrikanischen Truppen am 9. Juli 1915 bei Tsumeb.

1919 Im Vertrag von Versailles verliert Deutschland seine Kolonien.

1920 Südwestafrika wird vom Völkerbund zum südafrikanischen Mandatsgebiet erklärt.

1939 Beginn des Zweiten Weltkriegs; deutschstämmige Südwestafrikaner werden von den alliierten Truppen interniert.

Linke Seite: Während der Verhandlungen zur Befriedung der Region um Omaruru um 1894: Landeshauptmann Theodor Leutwein, um 1894 (links). Theodor Leutwein, links sitzend, mit dem Herero-Unterhäuptling von Omaruru Noreseb Manasse, rechts sitzend, und Oberhäuptling Samuel Maherero, rechts stehend (rechts).

Mitte: Aus den Anfangstagen Deutsch-Südwestafrikas: die Kaiserliche Post (oben). Familienleben auf einer Farm deutscher Auswanderer um 1930 (unten).

Rechte Seite: Die deutsche Entwicklungshilfe-Ministerin Heidemarie Wieczorek-Zeul bei den Herero, 2004 (links oben). »Fußball« ist unser Leben (links unten). Wolf-Thilo von Trotha hält als Nachfahre des einstigen Kommandeurs der Schutztruppe im Jahre 2007 eine Ansprache (rechts oben).

1946 Südafrika versucht, das UN-Mandatsgebiet Südwestafrika in die Südafrikanische Union einzugliedern.

1959 Am 10. Dezember erschießt die südafrikanische Polizei 13 Schwarze, die gegen die Zwangsumsiedlung nach Katutura protestierten, woraufhin sich die namibische Unabhängigkeitsbewegung SWAPO (South West African People's Organisation) formiert – an der Spitze der spätere erste Präsident von Namibia, Sam Nujoma.

1964–66 Nach südafrikanischem Vorbild sollen in Südwestafrika Homelands für die einzelnen Bevölkerungsgruppen eingerichtet werden, woraufhin es 1966 zu ersten Gefechten zwischen SWAPO-Angehörigen und südafrikanischen Truppen kommt. In der Folge verliert Südafrika durch die UNO-Resolution Nr. 2145 das Mandat für Südwestafrika.

1968 Die UNO erklärt die Besetzung durch Südafrika für illegal und beschließt den neuen Landesnamen Namibia.

seit 1975 In der sogenannten Turnhallen-Konferenz versuchen Vertreter verschiedener namibischer Volksgruppen in Windhoek, die Unabhängigkeit vorzubereiten (sog. Turnhallen-Allianz). 1977 werden die südafrikanischen Rassegesetze für Namibia außer Kraft gesetzt.

seit 1985 Südafrika hält Namibia weiterhin völkerrechtswidrig besetzt und wird deshalb von der aus Angola operierenden SWAPO hartnäckig bekämpft.

1989 Unter der Ägide der UNO erfolgt ein Friedensschluss, woraufhin die SWAPO mit 56,5 Prozent der Stimmen die ersten freien Wahlen gewinnt.

1990 Am 21. März wird Namibia als letztes afrikanisches Land unter seinem ersten Präsidenten Sam Nujoma unabhängig.

1994 Sam Nujoma wird mit einer Dreiviertelmehrheit der SWAPO im Amt bestätigt und hält an der Politik der Versöhnung fest.

1995 Bundeskanzler Helmut Kohl stattet Namibia einen offizielle Staatsbesuch ab, 1998 überbringt Bundespräsident Roman Herzog bei seinem Besuch einer Herero-Delegation ein Dokument zum 94 Jahre zurückliegenden Völkermord an ihrem Stamm durch die deutsche Schutztruppe.

2004 erhält die SWAPO erneut 75 Prozent aller Stimmen, Nujomas Parteifreund Hifikepunye Lucas Pohamba wird neuer Präsident.

Wechselspiel der Interessen nicht einfach zu erfüllen: Fischerei, Bergbau und Landwirtschaft erbringen einen Großteil des Bruttosozialprodukts. Dazu zählt das Land zu den größten Diamantenproduzenten der Welt, gefördert werden aber auch Bodenschätze wie Zinn, Kupfer, Uran, Blei und Zink. Und immer wieder kursieren im Volk Gerüchte über Erdgas- und Erdölvorkommen vor Namibias Küsten. Trotz beinharter Wirtschaftsinteressen konnten die Naturschutzgebiete auf 15 Prozent der Gesamtfläche ausgeweitet werden, was 123640 Quadratkilometer oder einem Drittel der Fläche Deutschlands entspricht.

Land der Extreme: Im Hochland kommt es in der kühleren Jahreszeit nachts zu Frost, tagsüber klettern die Temperaturen auf über 25 Grad, im Sommer auf über 35 Grad und in der Etosha auf über 45 Grad. Kurze, kräftige Niederschläge gehen oft als Gewitterschauer nieder, wie hier über der Kirche von Tsumeb.

Verrückt – das Wetter

Abgesehen von seiner weitläufig-menschenleeren Natur und seiner Tierwelt bezieht Namibia einen Großteil seiner Attraktivität aus einer Reihe merkwürdiger Phänomene und Besonderheiten, die vor allem den vorherrschenden klimatischen Bedingungen geschuldet sind. Über die Hälfte des Landes ist sehr trocken, wobei der durchschnittliche Jahresniederschlag an der Küste mit zehn Millimeter an der Grenze zum Nichts liegt, im feuchteren Nordosten bei 700 Millimeter, im Landesdurchschnitt bei mageren 270 Millimeter. Der meiste Regen fällt zwischen Dezember und März – im namibischen Sommer, den heißesten Monaten. Auf der Liste der Kuriositäten stehen auch die rotsandfarbenen Dünen des Namib Naukluft Parks, die von einem Moment auf den anderen die für Sanddünen befremdliche Farbe Grün annehmen können. Das geschieht, wenn seltene Regenfälle einen kraftvoll sprießenden Pflanzenteppich für kurze Zeit auf die windgeformten Sandberge der Wüste zaubern, was nicht nur Fotografen komplett aus dem Häuschen bringt. Temperaturspiele sind eine namibische Spezialität. Harsch sprang die unerbittliche Natur früher mit Schiffbrüchigen um, die es durch die eiskalten Fluten des antarktischen Benguelastroms bis zu den Stränden der Skeleton Coast geschafft hatten. Es dauerte nicht lange, bis den Geretteten dämmerte, dass hinter dem schmalen

Der Fish River Canyon zeigt noch extremere klimatische Bedingungen. Wegen Überschwemmungen und der großen Hitze sind seine Wander-Trails während des namibischen Sommers geschlossen und ansonsten nur mit Vorausbuchung bei Namibia Wildlife Resorts und ärztlichem Fitness-Attest zugänglich.

Hochkarätig

Das »Sperrgebiet« und die Geschichte der Diamanten

Diamantensortierer am Sortierplatz (oben; Diamantenaufbereitungsanlage in der Elisabethbucht (oben rechts); Diamantenmine mit Aufbereitungsanlage und Abraumförderbahn sowie Diamantenausbeute (rechts Mitte; alle Bilder entstanden vor 1945). Diamantengewinnung in der Nähe von Kolmanskop, um 1910 (rechts unten).

Im April 1908 stieß der schwarze Bahnarbeiter Zacharias Lewala an den Gleisen nahe dem Bahnposten Grasplatz auf einen merkwürdigen Stein. Den zeigte er seinem Vorgesetzten, dem deutschen Oberbahnmeister August Stauch, der ihn untersuchen ließ. Ein Geologe stellte fest, dass es sich um einen Diamanten handelte. Flugs besorgte sich Stauch bei der Deutschen Kolonialen Gesellschaft eine Konzession und gründete die Deutsche Diamanten-Gesellschaft. Scharenweise strömten Glücksritter aus allen Teilen der Welt an die glücksverheißende Bucht, deren dürftige Hafensiedlung sich schnell zu einem quirligen Eldorado wandelte. Natürlich wollte sich die deutsche Kolonialregierung den im Sand liegenden Reichtum nicht entgehen lassen. In Windeseile wurde zwischen dem 26. südlichen Breitengrad und dem Oranje-Fluss an der Grenze zu Südafrika sowie hundert Kilometer landeinwärts eine »verbotene Zone«, das Diamantensperrgebiet, eingerichtet. Der Minenbetrieb begann nun im großen Stil: 1909 in Idatal/Stauchslager, Kolmanskuppe, Charlottental und Bogenfels, 1911 in der Elisabethbucht und 1912 in Pomona.

Die Minen der Deutsche(n) Diamanten-Gesellschaft, der Kolonialen Bergbau Gesellschaft, der Vereinigten Diamantminen Aktien Gesellschaft, der Diamanten Pacht Gesellschaft und der Bahnfelder Diamanten Gesellschaft brachten unvorstellbare Gewinne. Lüderitz boomte. In

Kapps Hotel wurden die Barmädchen in Diamanten bezahlt, wenn das Bargeld knapp wurde. Die lagen anfangs noch einfach so im Kies herum, sodass die Männer nur auf den Knien herumrutschen mussten, um die glitzernden Steinchen mittels Pinzetten aufzupicken.

Bereits ein Jahr nach dem ersten Fund durch Lewala war das gesamte Diamantengeschäft unter behördlicher Kontrolle. Diamantenkönig Stauch zog mit einem gewissen Dr. Scheibe, der als Professor an einer deutschen Bergbauakademie lehrte, südlich von Lüderitz an der Küste entlang, um nach weiteren Schätzen zu suchen. Ein kleines Tal jenseits des Dünengürtels benannte er sogar nach seiner Frau »Idatal«.

Olga Levinson beschreibt in ihrem Buch »Diamanten in der Wüste«, wie die zwei ins Glück schlidderten: *Währenddem Stauch sich daran machte, ihre genaue Position an der Küste auf eine Karte einzutragen, begann Scheibe, die umliegende Wüste nach Diamanten zu erforschen, ohne dass er irgend etwas von Belang gefunden hätte. Als Stauch am späten Nachmittag zurückkehrte, traf er Jacob, einen Herero-Arbeiter, der sich auf die Suche nach Holz für ein Lagerfeuer machte. Im Spaß sagte Stauch zu Jacob, dass er lieber Diamanten suchen solle. Jacob kniete sich prompt in den Sand und las händevoll Diamanten auf! Stauch kniete sich neben Jacob, um Diamanten aufzulesen, die buchstäblich über den Boden verstreut lagen. Bei der Ansicht war Scheibe vollkommen überwältigt und rief ständig aus: Ein Märchen! Ein Märchen! Er erinnerte sich später daran, dass die Diamanten wie Pflaumen unter einem Pflaumenbaum lagen. Die Stelle wurde danach unter dem Namen Märchental bekannt. Es war die reichste Ablagerung von Diamanten, die je gefunden wurde.*

In 20 Monaten wurden eine Million Karat gewonnen, über fünf Millionen Karat sollen es insgesamt zwischen 1908 und 1915 gewesen sein.

Alte Minengebäude im verbotenen Sperrgebiet Diamond Area 1 bei Lüderitz, Karas-Region (links unten), sowie Impressionen verstreuter Minenfelder aus längst vergangener Zeit (kleine Bilder).

Vorangegangene Doppelseite: Tausend Stimmen und so viele Sterne! Der namibische Nachthimmel strahlt mit einer selten gewordenen Klarheit, wie hier über der Mowani Mountain Lodge im Damaraland.

Küstenstreifen das entgegengesetzte Extrem wartete, nämlich das vollkommene Fehlen von Wasser. Nun drohte den Seeleuten nicht mehr Erfrieren oder Ertrinken, sondern Verdursten, falls sie nicht vorher durch einen gnädigen Hitzschlag zu Tode kamen.

Wie verblüffend Namibias Wetterphänomene sind, lässt sich von der Hafenmole Swakopmunds aus am besten beobachten – aus der gesicherten Perspektive einer Bank. Wer dort in wohliger Sonnenwärme sitzt und die Kontraste des rot-weiß gekringelten Leuchtturms im Azurblau eines wolkenlosen

Riesige Sanddünengebiete erstrecken sich zu beiden Ufern des Kunene River an der Grenze zu Angola – wie hier in der Nähe des Wilderness Safari Camps Serra Cafema, das deshalb mit PS-starken Quadbikes ausgestattet ist.

Wenn die untergehende Sonne im Damaraland Felsskulpturen in ein zartes Rosa taucht und die Schatten im Mowani Mountain Camp nahe Twyfelfontein länger werden, erfüllt die Damara-Bezeichnung M'Wane (»Place of God«) eine berührende Bedeutung.

Bilderbuchhimmels bewundert, wird sich wundern, dass er sich von einer Sekunde auf die andere an einem Ort wiederfindet, wo gar nichts mehr ist: Dicht gewebte Nebelschwaden lassen blitzschnell erst die oberen Leuchtturmkringel verschwinden und dann die Wochenenddomizile betuchter Windhoeker entlang der Promenade. Danach Swakops Hafenbecken, in dem gerade

Reisen im Licht der Sterne

Das Land im Süden Afrikas kennt kaum Licht- und Luftverschmutzung, weshalb seine weiten Ebenen mit ihren meist wolkenlosen Nachthimmeln ein selten gewordenes Paradies für Sternekundige sind. Mit modernstem technischem Equipment ausgestattete Sternwarten bieten sowohl Forschern als auch Hobby-Astronomen einen glasklaren Blick in den Kosmos. Sogar Gästefarmen haben sich schon auf die exzellenten Sichtverhältnisse spezialisiert, stellen Teleskope und kleine eigene Sternwarten zur Verfügung und gewähren astronomisch interessierter Kundschaft beeindruckende Bilder von Galaxien, Gasnebeln und Sternhaufen. Reiseveranstalter nehmen deshalb bereits immer häufiger Sternenbeobachtungsbausteine in ihre Programme auf.

Neben den bekannten touristischen Höhepunkten wie Sossusvlei und Etoshapfanne zählen auch die Randgebiete der Kalahari, die Region um die Otvaiberge und des Gamsbergs zu den bevorzugten Plätzen für »Reisen im Licht der Sterne« (www.diamir.de).

noch Robben ihr sonniges Spiel trieben, zuletzt die eigenen Füße. Kühle zieht auf, und es folgt der tastende Griff nach dem Pullover. Inszeniert wird dieses Schauspiel von Wüste und Atlantik, deren heiße und kalte Luftmassen an der Küstenlinie aufeinanderprallen, was in der Geschichte der stark befahrenen Wasserstraße zwischen Kap und Europa zahlreichen Schiffen das Ende bereitete. Von der Sonne verblichene Knochen Gestrandeter und verrottete Gerippe hölzerner Schiffsrümpfe finden sich heute noch im Sand, weshalb der größte Teil der namibischen Küste »Skelettküste« heißt. Während der Sommer die

Wie eine Fata Morgana erhebt sich die 1728 Meter hohe Spitzkoppe aus dem trockenen Land. Wer hinauf will, sollte sich einen lokalen Führer nehmen, um nicht auf dem »Matterhorn Afrikas« im Nirgendwo zu versanden. Erstmals wurde der Bergkegel 1946 bestiegen.

Das Hartmann Valley und die Hartmann Mountains in der nördlichen Kunene Region sind nicht von dieser Welt: Wie auch im benachbarten Marienflusstal breitet sich hier eine wild-romantische Landschaft aus, die beinahe gänzlich und zudem hervorragend ohne Menschen auskommt.

Tagestemperaturen schnell über 30 Grad treibt – in der Namib-Wüste auf 45 Grad und mehr –, finden sich an Namibias endlosen Sandstränden nur relativ selten Badewillige ein.

Trotz extremer Hitze über dem Land bleibt der Atlantik kalt. Zum Glück, sagen die Städter aus Windhoek, die es in den heißesten Wochen des Jahres in Scharen an die kühlende Brandung und zur frischen Seebrise treibt, weshalb dann in den Küstenenklaven Swakopmund und Walvis Bay (Walfischbai) kaum mehr ein Übernachtungsbett zu haben ist. Eine klimatische Kapriole bietet auch der namibische Winter, den Europäer mit trockener Luft und Tagestemperaturen um die 25 Grad als herrlich sommerlich empfinden, während nachts ein kräftiges Väterchen Frost zu Besuch kommen kann.

Deutsche Schutztruppe, Diamanten & Tourismus

Die Felszeichnungen von Twyfelfontein werden auf ein Alter von 5000 Jahren geschätzt. Andere archäologische Fundstätten belegen, dass schon vor 750 000 Jahren ein Frühmensch mit Steinäxten auf Großwildjagd ging, was Namibias Vergangenheit einen weiten Horizont verschafft. Nur ein Meilenstein der Geschichte war deshalb, was Ende des 19. Jahrhunderts in der Lüderitzbucht begann. Dennoch sorgten zwei Schicksalsfügungen für eine Zeitenwende, die das bis dahin weitgehend archaische Land auf einen Schlag in die Moderne katapultieren sollte:

Das Eintreffen der Deutschen, deren Kaiser sich ein Stück vom kolonialen Kuchen abzuschneiden gedachte, und die fast zeitgleiche Entdeckung von Dia-

Die Himba-Frauen reiben ihre Körper mit einer Paste aus Butter und rötlich-eisenhaltigem Mineralpulver ein, um ihre Haut vor Sonne und Austrocknung zu schützen.

manten. Letztere sind immer noch da und erwirtschaften einen nicht unbeträchtlichen Anteil des Staatshaushaltes. Namibias Diamantenproduktion steht weltweit an fünfter Stelle, die größte Minengesellschaft des Landes, die Namdeb Diamond Corporation, beschäftigt immerhin 3000 Menschen. Die deutsche Präsenz währte hingegen nur kurz – genau von 1883, als Heinrich Vogelsang im Auftrag von Lüderitz die deutsche Flagge aufzog, bis 1915. Da musste sie, nach der Kapitulation der deutschen Schutztruppe, schon wieder herunter. Allerdings stellten die drei Jahrzehnte das damalige Deutsch-Südwestafrika nachhaltig auf den Kopf. Dazu zählen die Vernichtungsfeldzüge des Generals von Trotha gegen die Völker der Nama und Herero – die nun, über hundert Jahre später, ihre Entschädigungsforderungen im Berliner Kanzleramt vorbringen – ebenso wie der Bau von Straßen, Brücken und Bahngleisen, auf denen noch immer Züge rollen. Denn die Kaiserdeutschen brachten wirtschaftlichen und technischen Fortschritt sowie die Vorboten hochmoderner Business-Standorte aus Marmor, Spiegelglas und Edelstahl, die das heutige Windhoek entscheidend mitprägen. Die Rede ist von der feinen Architektur der kolonialen Gründerzeit, die Besucher magnetisch anzieht – für Namibias Tourismusindustrie ein Glück. Die prachtvollen Jahrhundertwende-Paläste helfen heute mit, den stetig wachsenden Reisemarkt zu befeuern, der außerordentlich stark zum Bruttosozialprodukt beiträgt. Ein PR-Geschenk des Himmels waren die beiden Superstars Angelina Jolie und Brad Pitt, die 2006 ausgerechnet Namibia als Geburtsland für ihre Tochter erwählten. Das weltweite Medienereignis zog zahllose Fotostrecken und Filmberichte über die Hollywood-Schönheiten nach sich und präsentierte zugleich die Reize des Landes.

Die unzugängliche Landschaft verhinderte lange Zeit, dass die Himba mit anderen Volksgruppen in Kontakt kamen, weshalb sie ihr traditionelles Leben immer noch führen. Aber Flugzeuge und Vierradfahrzeuge finden überallhin – und mit ihnen die moderne Welt.

Die Wirkung dieser glücklichen Fügung ließ nicht lange auf sich warten: Mit 833 345 internationalen Besuchern gab das Ministerium für Umwelt und Tourismus den Rekord der bisherigen Reisestatistik bekannt, wobei von 166 974 Europäern die Hälfte aus dem deutschsprachigen Raum anreist, der einer der wichtigsten touristischen Märkte Namibias ist.

Der Stellenwert des wachsenden Reisesektors ist beträchtlich. Nach Untersuchungen des World Travel and Tourism Council lassen Namibia-Reisende 4,2 Milliarden Namibia-Dollar pro Jahr im Land, was etwa 20 Prozent der gesamten Exportwirtschaft ausmacht und dringend benötigte Arbeitsplätze schafft. Mit entsprechendem Nachdruck fördert deshalb die namibische Regierung den weiteren Ausbau der touristischen Infrastruktur. Die darf jetzt schon als hervorragend gelten. Zahlreiche Zug- und Flugverbindungen, ein gut ausgebautes Straßennetz, Übernachtungsmöglichkeiten vom Campingplatz über Wildlife-Lodges unterschiedlichen Standards bis hin zum Schlosshotel machen die Erschließung der 23 staatlichen Nationalparks und Schutzzonen sowie der mehr als 150 privaten Game Reserves zu einem kalkulierbaren afrikanischen Abenteuer.

Anmutige Himba-Girls präsentieren sich liebreizend und voller Stolz am Kunene River.

Ob Termiten, die ihr Nest auf einem Baumstumpf errichten, oder Perlhühner, die aufmerksamkeitsgestresst durchs Grasland zuckeln – die Tierwelt Namibias gibt sich überall entwaffnend reichhaltig. Hobby-Ornithologen stehen im Dienst der Vogelkunde gerne früh auf, um Marabus, Flamingos und seltene Greifvögel aus nächster Nähe zu beobachten, denn über 630 Vogelarten von insgesamt 887 des Südlichen Afrika sind in Namibia heimisch.

Oryx, Tok-Tokkie und Welwitschia

Namibias Flora und Fauna

Auf den sandigen Ebenen verbringen Strauße, Zebras, Springböcke, Schakale, Hyänen und Oryxantilopen (oben) ein wildes Leben, das in der größten Mittagshitze zumindest der Schatten einer spärlichen Baumkrone zivilisiert. Giraffen warten lieber auf die Kühle des Abends, bevor sie die Wasserlöcher der Etosha ansteuern (oben rechts).

Zahlreich sind die afrikanischen Wildtiere in Namibia vertreten: Giraffen und Geparde, Wüstenluchse und Wildhunde, Tüpfelhyänen und Schakale, Stachel- und Warzenschweine, Paviane, Honigdachse, Ameisenbären und die gemütlich wirkenden Flusspferde, die allerdings unberechenbare und gefährliche Angreifer sein können. Allgegenwärtig sind die rund 30 Antilopenarten, darunter die prächtig gehörnte Oryx- (Gemsbok) und die Rappenantilope (Sable). Zuweilen zeigen sich sogar sehr seltene oder auch endemische Tierarten, die ausschließlich die spezifische Umwelt Namibias zustande gebracht hat oder begünstigt. So Hartmann's Bergzebra, von dem es gerade noch etwa 13 000 Exemplare gibt, die vom Aussterben bedrohte Damara-Seeschwalbe oder die Sandechse, die problemlos im Wüstensand »taucht« und »schwimmt«. Die namibischen Rangern und Fährtenlesern am häufigsten gestellte Frage zielt auf die Existenz von Schlangen ab, die hier besonders vielgestaltig sind und mit mehr als 70 Arten auftreten. Zu den giftigsten zählen die gehörnte Puffotter, drei verschiedene Formen der Speikobra, viele Sandschlangenarten, die Grüne und die Schwarze Mamba sowie neben vielen anderen die Zebra- und die Baumschlange. Wer es in der Kategorie der Reptilien etwas kräftiger mag: In den Flüssen des Nordens tummeln sich zahlreich bis zu sechs Meter lange Nilkrokodile. Mit Fernglas bewehrte Ornithologen gehen nicht nur wegen Sekretären, Flamingos, Pinguinen, Riesentrappen, Adlern, Geiern, Marabus sowie bunt schillernden Enten- und Gänsearten auf Beobachtungstour. Von 887 geschützten Vogelarten des Südlichen Afrika stehen allein zwei Drittel auf der namibischen Liste, elf Arten gelten als endemisch, manche sind prominent: Der afrikanische Fischadler hat es ins

namibische Wappen geschafft, der emsige Webervogel, der seine kugeligen Hängenester baut und in Kolonien lebt, ziert jeden Namibia-Bildband. So vielfältig Namibias Fauna auch ist, natürlich stehen »The Big Five« – die begehrten Trophäentiere der einstigen Großwildjäger: Elefant, Nashorn, Büffel, Löwe und Leopard – auf der Skala der Attraktionen ganz oben.

Aufgrund seiner landschaftlichen Vielfalt und der verschiedenen Klimazonen erstreckt sich Namibia über ein gutes Dutzend Vegetationszonen, die von Wüste und Halbwüste über Dornbuschsavanne bis hin zu tropischen Bereichen im Caprivi-Winkel und bis an die angolanische Grenze reichen.

Eine der Pflanzen ist die *Welwitschia mirabilis*, eine flach am Boden wachsende Holzpflanze, die ausschließlich in der Namib-Wüste vorkommt und sich für ihre Blüte ausgerechnet den Ort ausgesucht hat, an dem außer Sand nichts ist. Auf diese Weise kann sie gut 2000 Jahre alt werden. Von 120 namibischen Baumarten ist der Kameldornbaum mit seiner schattenspendenden Krone zusammen mit der Schirmakazie und dem Annabaum am fotogensten. Ausgenommen natürlich der exotische Köcherbaum, der als Aloe-Art eigentlich kein Baum ist, auch wenn er mit seinem wuchtigen Stamm bis zu acht Meter hoch wird und eine unverwechselbar schöne Krone ausbildet. Ein ganzer Wald davon steht unweit von Keetmanshoop unter Naturschutz. Im Norden bestimmen vornehmlich Marula, Riesenfeige, Baobab und Makalani-Palmen das Landschaftsbild. Nahezu 200 endemische Pflanzenarten kommen auf dem Territorium Namibias vor, der größte Teil Sukkulenten sowie Aloen und Flechten, darunter der »lebende Stein« Lithops, eine sukkulente Wüstenpflanze.

Wüstenelefanten suchen im Flussbett des Huab River bei Twyfelfontein nach brauchbarem Nass (ganz links), das diese Robben an der Skelettküste (links unten) im Überfluss haben und das die merkwürdige Welwitschia-Pflanze (oben) aus kondensiertem Nebel gewinnt.
In Namibia ist jeder ein Experte für irgendetwas: die Webervögel für kuriose Hängenester (oben rechts), und die Klippschliefer, ganz leckere Fleischklöpse für Raubtiere, für blitzschnelles Abtauchen (oben links).

HARTMANN MANSIONS

DIE BUCHT, IN DER ALLES BEGANN

Lüderitz und der Süden

Die Lüderitzbucht, am Ende der Welt (großes Bild). Sauber gestrichene deutsch-koloniale Fassaden, endlose Sandwüsten und Savannen ringsum sowie die Geisterstadt Kolmanskop vor den Toren der Stadt, und, ein Stück weiter, der Fish River Canyon mit seinen urtümlichen Doloritformationen (von oben links im Uhrzeigersinn).

MINISTRY OF WORKS
TRANSPORT AND
COMMUNICATION
DEPARTMENT
OF WORKS

Wie staunte die junge Frau, als sie das gewaltige Meer sah, dessen Brandung an den vorgelagerten Inseln des Hafenbeckens haushoch spritzte. Wie freute sie sich an den Tausenden von Flamingos, die wie eine rosarote Wolke über die Lagune der Griffithsbai dahinstrichen. Am Nachmittag sahen sie, wie ein großer Überseedampfer langsam zwischen Haifisch- und Pinguininsel in das Hafenbecken hineinsteuerte. Die schwarzweißrote Flagge flatterte lustig am Heck.

Walther Wülfing in »Dich ruft Südwest!«, 1930

Zeichnung von Albert Bettanier über die Protektoratserklärung in der Lüderitzbucht am 7. August 1884.

Für 200 Gewehre und 100 Pfund Sterling (10 000 Reichsmark) erstand der Bremer Kaufmann Alfred Lüderitz vom Nama-Häuptling Joseph Fredericks das trostlose Sandgebiet um die Bucht, die seit 1883 seinen Namen trägt. Das war der Beginn der deutschen Kolonialzeit in Südwest – und einer rasanten Entwicklung, die mit einer schmählichen Trickserei begann, denn Lüderitz berief sich bei dem Deal auf ein Gebiet nach deutscher Meile bemessen und nicht nach der üblichen englischen. Dadurch wurde den Nama ein weit größeres Territorium abgepresst als vereinbart, nämlich beinahe ihr gesamtes Siedlungsgebiet im Lüderitzer Raum. Als die Nama sich 1904 im sogenannten Hottentotten-Aufstand gegen die Deutschen wendeten, wurde die Bucht am Ende der Welt zum kaiserlichen Truppenstützpunkt und erst recht zu einem profitablen Handelsplatz. Wenige Jahre später wurden auch noch Diamanten entdeckt, was Lüderitz über Nacht zur Boomtown machte.

Kontrastreich: Palmen neben deutschkolonialer Architektur und namibische Arbeiter, die auf Lüderitz' Hauptstraße ihrem Feierabend entgegen gehen.

Kaum zu glauben, dass dieser unwirkliche Lüderitz-Bildertraum aus feinster Jahrhundertwende-Architektur zwischen sturmgepeitschter Atlantikküste und sandumwehter Namib-Wüste wirklich existiert, an diesem wind- und wasserumtosten winzigen Zipfel am allerletzten Ende Afrikas.

Aus der Vogelperspektive: Sand, nichts als Sand

Wer über gezackte Bergketten, weite Ebenen und bizarre Dünenlandschaften von Windhoek aus hierhin einfliegt und nach einer Stunde am fernen Horizont das Blau der Küste erkennt, hat es in jedem Fall schnell und bequem geschafft zu einem der skurrilsten Flecken der Erde. Bedeckt von dicken Sandpaketen, die den Kampf gegen die Natur beständig herausfordern, liegt dort unten Deutsch-Südwest im wahrsten Sinne des Wortes begraben. Die nächstgelegene Stadt, Keetmanshoop, ist rund 350 Kilometer entfernt, die einzige Verbindungsstraße über die Ortschaft mit der sinnfälligen Bezeichnung »Aus« muss beständig von Treibsand befreit werden, an die wild zerklüfteten Küstenstreifen aus Schiefer und Granit schwappt frostig der Atlantik. Wie stark der Sand den frühen Siedlern zu schaffen machte, schildert Walther Wülfing, als seine Romanhelden mit der Eisenbahn über Aus nach Lüderitz reisten, um von dort einen Dampfer nach Kapstadt zu nehmen:

Ungeheure Sandberge türmten sich neben dem Bahnkörper auf, so dass dieser in steter Gefahr war, verweht und verschüttet zu werden. Die Dünen sind an dieser Stelle der Namib ständig im Fluss und wandern unaufhörlich von Süden nach Norden. Man hat alles mögliche versucht, diesem Wandern Einhalt zu tun: Festlegen des Sandes durch Anpflanzen von Stechgräsern, Belegen mit Strohmatten, Aufführen von Schutzmauern usw., alles ist bisher vergeblich gewesen. Außer der Anlage von kostspieligen Tunnels ist das einzige Mittel, den Bahnkörper freizuhalten, die anrückende Düne durch gewaltige Keilmauern zu teilen, und dann die Sandmassen teils durch Menschenhand, teils durch riesige

Vakuummaschinen auf die Nordseite der Geleise zu befördern, wo sie dann unschädlich sind und weiter nach Norden wandern.

Trotz erschwerter Bedingungen leben in Lüderitz 26 000 Einwohner. Von den acht Prozent Bewohnern weißer Hautfarbe sind noch circa hundert deutschstämmig. Marion Schelkle ist eine von den wenigen, die in der sandumzingelten Atlantikenklave ausharren. Die meisten zögen fort von diesem versandeten Erdenzipfel, erzählt sie nicht ohne Bedauern, weil sie hier keine Zukunft mehr sehen. Um gleich darauf voller Stolz die stattlichen Jugendstilbauten in der Bergstraße, der Kirchstraße und der Hohe Straße vorzuführen, auch die Turnhalle des Männerturnvereins Lüderitzbucht, den Lesesaal und Kapps Konzert- und Ball-Saal, Baujahr 1907. Deren architektonische Vorbilder stehen an der vornehmen Hamburger Elbchaussee, was damals gar nicht so weit weg lag, denn Lüderitz war mit der Hansestadt durch regelmäßig verkehrende Woermann-Schiffe verbunden.

Surreal – das Ende der Welt

Manche der steinreich gewordenen Diamantenbarone und wohlhabenden Kaufleute ließen sich, so ist überliefert, durch Woermann feinsten Elbsand anliefern, um ihre Gründerzeit-Villen auf ein original hanseatisches Fundament stellen zu können – und dies, obwohl Lüderitz in Sandbergen förmlich versank. Aber das war eben kein deutscher Sand. Mit seiner verspielten deutschen Kolonialarchitektur kann Lüderitz protzen: Die liebevoll restaurierten Perlen, hier mit fein gearbeiteten Holzgiebeln, dort mit bleiverglasten Bogenfenstern, mit kunstvoll geschreinerten Holzveranden und stilvollen Treppenaufgängen sind ein Blickfang. Die evangelisch-lutherische Felsenkirche (1911) auf dem »Diamantenhügel« ist das Wahrzeichen von Lüderitz. Ihr Architekt Walter Bause konnte auf private Spenden aus Deutschland zurückgreifen und schaffte es, den Kirchenbau in nur einem Jahr zu vollenden. Unter den Geldgebern war Kaiser Wilhelm II., der die bleiverglasten Chorfenster über dem Altar beisteuerte, während seine Gattin die Altarbibel stiftete. Die Alte Post in der Schinzstraße wurde 1908 vom Eisenbahnkommissar Oswald Reinhardt entworfen und der Alte Bahnhof (Ecke Bismarck/Bahnhofstraße) 1907 zusammen mit der Bahnlinie fertiggestellt. In der Bergstraße 13 ist »Haus Grünewald« zu bewundern, das der erste Bürgermeister von Lüderitz, Emil Kreplin, nach dessen Fertigstellung bezog.

Einer der prachtvollsten Jungendstilbauten ist das Goerke-Haus, im Jahr 1910 von Architekt Otto Ertl an den Hang des Diamantberges gesetzt. Das Domizil des Leutnants Goerke, der 1904 mit der deutschen Schutztruppe erst nach Swakopmund und später nach Lüderitzbucht kam, galt schon damals als eines

Kaum beeinflusst durch das 21. Jahrhundert schlummert die Hafenstadt am Ende der Welt vor sich hin in ihrem kleindeutschen Ambiente, an das nicht nur Straßennamen wie Bismarck, Lessing und Vogelsang erinnern.

der extravagantesten Vorzeigestücke deutscher Südwest-Architektur. Das war sicher auch darauf zurückzuführen, dass der clevere Leutnant vom Militär ins Diamantengeschäft wechselte, als die ersten Funde den Geldrausch einleiteten. Nach seiner Abmusterung führte Goerke die Bücher von sechs Minen, die 20 000 Reichsmark für seine Villa am Diamantenberg – heute ein Museum – ließen sich da problemlos bezahlen.

Allerdings wartet das Küstenstädtchen zwischen der rauen Atlantikküste und den Ausläufern der heißen Namib-Wüste nicht ausschließlich mit deutschen Baudenkmälern und Konditoreiwaren auf. Eine Rundfahrt um die Lüderitz-Halbinsel führt in die Sturmvogelbucht, wo die verrottenden Überreste einer norwegischen Walfangstation zu sehen sind, zum alten Leuchtturm, der seit 1910 vorbeifahrende Schiffe auf Distanz hält, und zum legendären Diaz-Kreuz, das der portugiesische Seefahrer Bartholomeu Diaz nach der Umsegelung des Kaps der Guten Hoffnung am 25. Juli 1488 errichtete. Am besten lassen sich Brillenpinguine und Flamingos auf Halifax Island und in der Großen Bucht auf einer Bootsfahrt beobachten – Stopps am Diaz Point, am Leuchtturm und in

Als Wahrzeichen steht die evangelisch-lutherische Felsenkirche auf dem Diamanten-Hügel über der Stadt (oben), und das Goerke-Haus ein Stück unterhalb. Der Prachtbau in der Diamantbergstraße ist als Museum auf geführten Touren zu besichtigen (unten).

HOTEL GOERKE

Schmelztiegel »namibische Küche«

Krokodilshäppchen, frische Austern und Schwarzwälder Kirsch

Wer glaubt, auf einer Safari kulinarisch darben zu müssen, irrt gewaltig, wie diese appetitanregenden Bilder beweisen: herzhafter Sundowner-Imbiss am Ende eines Game Drive (oben) und sorgsam ausgesuchte Salate, hervorragend für den Aufbau der Abwehrkräfte – im Falle eines Löwenangriffs (kleine Bilder rechts).

Drei Jahrzehnte deutscher Kolonialherrschaft haben dem modernen Namibia nicht nur Jahrhundertwende-Architektur hinterlassen, sondern auch Eisbein mit Sauerkraut. Immer noch wirken Omas altdeutsche Kochbücher nebst Rezepten für feine Bäckerei- und Konditoreiwaren nach. So gehören Bienenstich, Sachertorte und Apfelstrudel ebenso zum gastronomischen Alltagsgeschäft wie Jägerschnitzel mit Bratkartoffeln. Straußencarpaccio hingegen oder Straußenfilet auf würziger Merlotsauce und Polentaschnitte treffen da schon eher die Geschmacksnerven von Feinschmeckern – und wie erst Krokodilshäppchen vom Grill oder Springbockrücken mit Kräuterkruste in Portwein! Unschwer zu erraten ist, dass im Land der Jäger und Sammler – auch der Großwildjäger und Jagdfarmen, die gesetzlich streng geregelten Abschussquoten unterliegen – Fleisch, ganz besonders Wildfleisch an erster Stelle in der landestypischen Küche steht, weshalb Filets von Kudu, Oryx- und Elenantilope, Springbock, ja selbst Zebrafleisch zu den Selbstverständlichkeiten gehobener Speisekarten gehören. Zum Testen für Einsteiger wäre ein Buschmannspieß aus Perlhuhn, Krokodil, Strauß, Zebra und Kudu vielleicht das Richtige.

Auch vegetarisch orientierte Genießer müssen nicht darben – mit Salaten, Obst und Gemüse versorgt sich die namibische Küche täglich durch Importe aus Südafrika. Aber nicht ausschließlich: Grüner Spargel, der im Swakop Brauhaus zusammen mit Kartoffelpüree frisch auf den Tisch kommt, wird im Flussbett des Swakop River gestochen. Trüffel-Delikatessen gedeihen im Kalahari-Sand und werden von den namibischen Buschleuten, den San, geerntet, um dann als Omelett mit Kalahari-Trüffeln, Trüffelsuppe oder hausgemachte Tagliatelle mit cremigem Trüffelragout zu brillieren. Und dann der

fangfrische Fisch: Bei einer Küstenlinie von etwa 1500 Kilometern Länge werden Liebhaber von Kingklip, Kabeljau, Lachs, Schwert- und Butterfisch, Hai sowie von Meeresfrüchten – Garnele, Languste und Muscheln – hervorragend bedient, wobei Lüderitz für qualitätsstarke Austern steht. Natürlich hat die namibische Neu-

zeit die bekannten Fast-Food-Ketten begrüßt, und vermehrt breiten sich via Südafrika auch asiatische Einflüsse aus. Von dort stammt die burisch beeinflusste »Boere-Koos«. Leckere »Potjiekos« (Eintöpfe) gehören dazu, die im dreibeinigen gusseisernen Topf über dem offenen Feuer gegart werden.

Mit Gerichten wie »Oshifima« (Mahangu-Hirse-Brei), »Oshiwambo« (wildwachsender würzig-scharfer Spinat mit Rindfleisch), »Oxuxwa« (gegrilltes Hähnchen) sowie »Mealie Pap« (Maisbrei) schafft sich die namibische Küche im »African Style« ihre Liebhaber. Wobei es beim Probieren der Landesküche ja nicht gleich »Omaungu« sein muss, die bei afrikanischstämmigen Namibiern als proteinreiche Köstlichkeit beliebte Spezialität aus Mopanewürmern. Gebraten und mit Chilis und Zwiebeln oder in Tomatensoße schmecken die auf Mopanebäumen lebenden Raupen wirklich lecker, müsste man beim Essen nur nicht immerfort an sie denken. Eine gewisse Experimentierfreudigkeit sollte auch bei der namibischen Delikatesse »Smileys« gegeben sein – hinter dem lieblich klingenden Rezept verbergen sich über offenem Feuer gekochte Ziegenköpfe, die zu grinsen beginnen, sobald das Gesichtsmuskelfleisch weich wird.

Auch wenn erstklassige südafrikanische Weine allerorten zu haben sind: Die Namibier sind, ganz gleich welcher Hautfarbe, mehrheitlich Biertrinker. Der moderne Gerstensaft in den unterschiedlichsten Sorten kommt aus dem Windhoeker Brauhaus. Der namibische heißt Oshikundu (alkoholfrei aus Mahangu und Sorghum, eine Hirseart), Omalodu (alkoholhaltig aus Sorghum) und Omaongo (alkoholhaltig aus Marulafrüchten). Marulafrüchte lieben auch Affen und Elefanten. Sie warten, bis das Fallobst vergoren ist und alkoholische Prozente hat, und lassen nach ausgiebigem Genuss gern die Puppen tanzen.

In Namibias Küche gibt es für jeden Geschmack etwas: Picknick-Zutaten zu einem Tree-Top-Lunch inmitten der Wildnis (oben Mitte), Kaffe und Kuchen im Etosha-Café in Tsumeb (links); Südafrikanischer Cabernet Sauvignon im Olive Grove Guesthouse in Windhoek (links unten).

Nachfolgende Doppelseite: Mit ca. 500 Metern Tiefe und 160 Kilometern Länge darf sich der Fish River Canyon nach dem Grand Canyon in den USA als zweitgrößter seiner Art bezeichnen. Dass er als Naturwunder keine großen Besucherscharen anzieht, wie beispielsweise die Viktoriafälle, muss an seinen rauen klimatischen Verhältnissen liegen.

der Knochenbucht sind inklusive. Weitere Touren entlang der »verbotenen Küste« führen zum Naturdenkmal »Bogenfels«, zur Diamanten-Geisterstadt Pomona und ins »Märchental«.

Die Wüstenpferde von Garub

Wer Lüderitz hinter sich lässt und nach 125 Kilometern sandverwehter Wüstenstrecke in Aus hält, hat die Bedeutung des Ortsnamens in wenigen Sekunden erfasst: Hier ist nichts. Nur die desolate Weite der südlichen Namib. Und diese winzige Ortschaft, bestehend aus einer Ansammlung pittoresker Häuser auf 1446 Höhenmetern, in einer Welt voller Sand und Staub am Rand des Diamantensperrgebiets, dessen Betreten immer noch strengstens verboten ist. Was ein Phänomen besonderer Art hervorgebracht hat, nämlich »Die Wüstenpferde von Garub«. Denn an die 200 wild lebende Pferde konnten sich hier in der totalen Abgeschiedenheit an die harten Bedingungen der Wüste anpassen, und zwar in der Nähe des einzigen Wasserlochs der Region, Garub, was ihnen die sonderbare Bezeichnung eingebracht hat. Die Vermutungen, woher die

Skurril: Mitten in der Wüste, zwischen rotsandigen Hügeln, thront Duwisib Castle wie eine unwirkliche Filmkulisse auf Zeit oder, wenn man so will, wie eine Fata Morgana. Aber alles ist echt. Und steinsolide: Die Burgzinnen, der prächtige Kaminofen, und die Waffen an der Wand stammen tatsächlich aus dem 18. und 19. Jahrhundert! Das Duwisib Castle, Hardap-Region, ist einen Besuch wert.

Im Information Centre von Aus führen Schautafeln in die Attraktionen der sandig-heißen Region ein. Dort vermittelt man Wissenswertes über Herkunft, Leben und Zukunft der faszinierenden, wild lebenden Pferde von Garub, die rund 20 Kilometer weiter westlich in dieser unwirtlichen Gegend zu Hause sind.

Schloss in der Wüste

Auf dem Weg von Aus in Richtung Maltahöhe erwächst eine der merkwürdigsten, deutschen Kolonialbauten aus dem Wüstensand: Schloss Duwisib, der 1908 zu Stein gewordene Traum des Artillerie-Offiziers Hansheinrich von Wolf. Der in Deutsch-Südwestafrika ansässige Burgen-Architekt Wilhelm Sander, der in Windhoek schon für die Prachtstücke Schwerins-, Heinitz- und Sanderburg gesorgt hatte, lieferte den Entwurf für dieses Bauwerk. Fachleute aus halb Europa reisten an, um die 250 000 Goldmark teure Fata Morgana nach historischen Vorlagen in die Wüste zu setzen. 20 Ochsenkarren schafften das Material dazu aus dem über 300 Kilometer entfernt liegenden Lüderitz heran. Viel hatte der ehemalige Schutztruppen-Offizier nicht von seinem 50 000 Hektar großen Duwisib-Anwesen, denn während einer Seereise nach Europa geriet Hansheinrich von Wolf in die Wirren des Ersten Weltkriegs und fiel 1916 in den Schützengräben Frankreichs.

beeindruckend schönen Wildpferde stammen könnten, gehen weit auseinander. Vielleicht sind es ehemalige Kavalleriepferde von Kaiser Wilhelms Schutztruppe, die 1915 vor der Kapitulation der einrückenden südafrikanischen Kampfverbände freigelassen wurden, wofür eintätowierte Regimentsnummern bei früher gefangenen Pferden sprechen. Andere Theorien gehen davon aus, es handele sich um die Nachkommen von Nama-Pferden, die mit den einwandernden Stämmen der Nama über den Oranje nach Namibia kamen, oder um Nachfahren überlebender Tiere von gesunkenen Schiffen, die zwischen Europa und dem Kap der Guten Hoffnung zahlreich unterwegs waren. Weni-

Das Rosenköpfchen oder Rosy-faced Lovebird (Agapornis roseicollis) gehört zu den typischen Papageienarten des südwestlichen Afrika. Seine Verbreitungsgebiete sind vor allem die afrikanischen Trockenlandschaften wie hier bei Keetmannshoop. Wo es reichlich Nahrung gibt, können sich Hunderte der farbschillernden Vögel zu großen Schwärmen versammeln.

Weil Zebras täglich Wasser brauchen, entfernen sie sich nicht weit vom nächsten Wasserloch. Was auch Löwen bekannt ist. Die Hufschläge der Gestreiften können dem König der Tiere allerdings leicht den Schädel zertrümmern, weshalb Großkatzen Zebras lieber im Rudel angreifen.

ger abenteuerlich ist die These, dass die knochig-ungestümen Hengste und Stuten aus der Zucht von Baron Hansheinrich von Wolf stammen, der zu Kolonialzeiten etwa 160 Kilometer nordwestlich von Garub, auf Schloss Duwisib, ein Gestüt betrieb. Vielleicht sind die stolzen Wilden aber auch nur die Urenkel entlaufener südafrikanischer Armeerösser, die sich am Bohrloch von Garub ihr fotogenes Stelldichein geben.

Was auch immer ihr Geheimnis ist: »Die Wüstenpferde von Garub« haben Namibia eine besondere Attraktion beschert, die der Sperrzone »Diamond Area 1« und der »Consolidated Diamond Mines Company« zu danken ist, deren Arbeiter frühzeitig die Besonderheit der Tiere erkannten. Sie hielten deren einzigen Lebensquell, das künstliche Bohrloch der »Garub Pan« – das eigentlich den Dampfloks der nahen Eisenbahnlinie zur Wasserversorgung diente – für ihre geliebten »Wild Horses« offen. Da seit 1986 fast 400 Quadratkilometer Sperrzone – das entspricht zwei Dritteln der Fläche des Bodensees – an den Naturschutz zur Eingliederung an den Namib Naukluft Park abgetreten wurden, gilt die Existenz der Wildpferde als gesichert. Im etwa 20 Kilometer entfernten Aus wurde sogar ein Infocenter eröffnet, das interessierte Besucher über Herkunft und Leben der Tiere informiert.

Vier Kilometer westlich von Aus interessiert sich Piet Swieger schon lange für das Schicksal der Tiere. Der Eigner der »Klein Aus Vista Lodge« hat die Wüstenpferde von Garub zu seiner Lebensgrundlage gemacht und veranstaltet professionell geführte Ausflüge zum berühmten Wasserloch Garub am alten Bahnhof.

Zwischen Himmel und Hölle

Eine andere Vorstellung gibt der Fish River Canyon, der mit über 500 Metern Tiefe und 161 Kilometern Länge als zweitgrößter Canyon der Welt nach dem Grand Canyon gehandelt wird. Der mit 650 Kilometer längste Fluss Namibias hat sich hier durch waagerecht lagernde Gesteinsschichten gegraben, und zählt mit seinem gewaltigen Erosionstal zu den besonderen Attraktionen des Südlichen Afrika. Angesichts der geringen Wassermengen muss es wohl feuchtere Zeiten als heute gegeben haben, die ihn zu einer so effektiven Gesteinssäge auf dem Weg vom Hochland in die Ebene machten. Andere

Nicht nur für seine skurrilen Steinquader und -kugeln ist das Damaraland bekannt, sondern auch für die hohe Dichte an seltenen Wüstenelefanten, die meist lange Staubfahnen hinter sich herziehen, wenn sie auf der Suche nach Wasser durch die trockenheißen Ebenen wandern.

Die Possierlichkeit von Großkatzen ist täuschend: In Sekundenschnelle bringen Löwinnen ihre Muskelpakete in Bewegung, wenn sie zur Jagd ansetzen oder wenn es gilt, kleine Schmusekater wie diesen vor Eindringlingen zu beschützen.

Deutungen führen an, der Canyon sei durch tektonische Verwerfungen entstanden, während das Urvolk der San glaubt, ein riesiger Drache habe sich auf der Flucht durch die Felsen gedrückt und so die Fish-River-Schlucht hervorgebracht. Nur nach starken Regenfällen führt der Fluss nennenswert Wasser, das in trocknen Perioden zu kleinen Tümpeln zusammenschrumpft, in denen sich Fische notgedrungen Fischreihern, Königsfischern und zahlreichen anderen Wasservögeln zur Mahlzeit anbieten. Erst zu Beginn der regulären Regenzeit zwischen März und April entwickelt sich ein normales Flussleben, an dem auch Kudus, Bergzebras, Springböcke, Oryxantilopen, Paviane und Klippspringer teilhaben. Der Hauptzugang des Fish River Canyon National Park ist über Seeheim zu erreichen. Bei Hobas, dem Höllentor, werden all jene erwartet, die sich eine mehrtägige Wanderung durch den Canyon zumuten wollen, wofür eine Genehmigung der Parkbehörden benötigt wird. Die Saison liegt zwischen 1. Mai und 30. September – individuelle Tageswanderungen sind aus Sicherheitsgründen nicht zugelassen. Weniger sportlich Veranlagte und meditativ gestimmte Landschaftsästheten dürfen sich über eine 25 Kilometer lange Panoramastraße am Ostrand des Canyon freuen, die berauschende Ausblicke in die grandiosen Tiefen ermöglicht. Nur zehn Kilometer südlich von Hobas liegen die Aussichtspunkte Hiker's Viewpoint und Main Viewpoint mit dem am häufigsten fotografierten Blickwinkel auf den Canyon sowie auf Hell's Corner, die Teufelsecke. Für jene, die sich mutig auf den 86 Kilometer langen Fish River Canyon Hiking Trail machen, wird es am Hiker's Viewpoint ernst.

Die Strecke folgt dem Flussbett bis nach Ais-Ais, wo die Tapferen nach Tagen in felsiger Ödnis eine grünende Oase mit herrlichen Schwimmbecken erwartet. Richtig genießen lässt sich der Badeort in der kühleren Jahreszeit, denn »Ais-Ais« bedeutet in der Nama-Sprache »brennendes Wasser« oder auch »der Platz, der sehr heiß ist«. Damit sind etwa 60 Grad Celsius gemeint, was Ais-Ais zu einem beliebten Thermalbad macht, dessen Wasser Chlorid, Fluorid und Schwefel enthält und vor allem bei rheumatischen Leiden Linderung verspricht. Ais-Ais gehört zu den südlichsten Punkten Namibias, hier mündet der Fish River in den Oranje. Im Grenzstädtchen Noordoewer lässt sich der Oranje

Für seinen wunderschönen Köcherbaumwald ist Keetmannshoop berühmt (rechte Seite); ganz in der Nähe lässt es sich zwischen diesen Giant Rocks im Quiver Tree Restcamp mit Blick auf stattliche Exemplare übernachten (oben).

River nach Südafrika überqueren. Oder man pausiert auf dem rund 700 Kilometer langen Rückweg nach Windhoek im historischen Seeheim Hotel. Auf jeden Fall aber in Keetmanshoop, das mit 15 000 Einwohnern für namibische Verhältnisse eine größere Stadt ist. Johann Keetman, der Vorsitzende der Rheinischen Missionsgesellschaft war es, der hier 1866 eine Missionsstation errichtete, weshalb das Mitten-im-Nirgendwo-Städtchen heute Relikte deutscher Vergangenheit vorzeigen kann: das Kaiserliche Postamt beispielsweise, 1910 vom Architekten Gottlieb Radecker erbaut, oder die 1895 aus Bruchsteinen errichtete evangelisch-lutherische Missionskirche in der Kaiserstraße, in der sich jetzt ein Museum befindet.

Bekannt ist Keetmanshoop auch wegen seiner prächtigen Exemplare von Köcherbäumen. Auf der Gariganus-Farm wenige Kilometer nordöstlich befindet sich ein ganzer Wald dieser bizarren, bis zu neun Meter hohen Baumaloe, deren Alter auf 200 bis 300 Jahre geschätzt wird. Von den Buschmännern wurden ausgehöhlte Äste gerne als Pfeilköcher genutzt, weil das Holz extrem leicht ist. Keetmanshoops Tankstellen lassen auf einen wichtigen Verkehrsknotenpunkt schließen – tatsächlich bewegen sich von hier aus Busse in alle Richtungen, sogar bis nach Johannesburg und Kapstadt, und auch Züge, die Windhoek per Nachtexpress anbinden. Wer nicht so schnell dorthin will, geht von hier aus in geländegängigen Fahrzeugen auf Abenteuertour durch die westlichen Ausläufer der Kalahari-Wüste, die sich an Namibias Ostgrenze weit in die Nachbarländer Botswana und Südafrika erstreckt.

Entlang der »verbotenen Küste« südlich von Lüderitz liegt die lange Zeit verborgene Schatzkiste der Diamantenzeit. Der 55 Meter hohe Bogenfels im Sperrgebiet (ganz oben und rechte Seite) gehört genauso dazu wie die Gerippe gestrandeter Schiffe. Touren führen zum Naturdenkmal, zur Geisterstadt Bogenfels sowie zur Ruinenstadt Pomona.

»Jugendstilfabrik« in der Wüste

Kolmanskop – Kolmannskuppe

Es ist ein Schritt ins Gestern, eine Reise durch Zeiten und Räume, zu den Anfängen Deutsch-Südwestafrikas, zu dem, was am Anfang alles war: Kolmanskop entlässt seine Besucher mit Bildern im Kopf, die Herz und Seele auf eine seltsame Weise berühren. Was ist vergänglich, und was bleibt? Selbst verschworene Museumsmuffel lässt dieses unwirkliche Nostalgie-Szenario nicht kalt.

Lüderitz touristische Juwelen sind seine Historie, seine bestechend schönen kolonialen Baudenkmäler und – immer noch – die Diamanten. Auf der Grenze zum strikt abgeriegelten Diamantensperrgebiet taucht Kolmanskop aus dem Sand auf, eine Geisterstadt, die ihren Namen dem Afrikaner Jani Kolman verdankt, dessen Ochsenkarren hier einst im Sand stecken blieb. Heute halb verschüttet, war Kolmanskuppe zu Kaisers Zeiten ein deutscher Minengroßbetrieb mit etwa 1000 Beschäftigten, manche Quellen berichten gar von bis zu 5000 Angestellten. Zu der Ansiedlung gehörten Kegelbahn, Turnhalle, Kasino, Ballsaal und klassizistische Prachtvillen. Eine Holztafel des Kegelclubs »Gut Holz« erinnert noch heute an das Preiskegeln vom 4. Juni 1927. Während die dunkelhäutige Mehrheit der Arbeitskräfte außerhalb des Minengeländes in Baracken im Sand wohnte, konnten sich zwischen 200 und 300 Europäer auf Kolmanskuppe beinahe jeden Luxus leisten. Es gab sogar eine Eisfabrik – mitten in der Wüste! Außerdem Bäckerei und Schlachterei, seit 1910 Strom aus dem eigenen Elektrizitätswerk, eine Schule und ein Krankenhaus, dem der größte Röntgenapparat auf der südlichen Halbkugel zur Verfügung stand. Der sollte allerdings erst in zweiter Linie der medizinischen Versorgung der Angestellten und Arbeiter der Minengesellschaft dienen – zunächst ging es darum, mittels Röntgenbild verschluckte Diamanten aufzuspüren. Diamantenklau wurde zu einem ernst zu nehmenden Problem für die Minengesellschaften: Teilweise mussten Arbeiter, so ist überliefert, sogar Knebel tragen, um zu verhindern, dass sie während ihrer Tätigkeit Diamanten verschluckten! Auch soll es speziell konstruierte Toiletten gegeben haben, um in derlei Fällen auf einfache Weise die Rückgewinnung der wertvollen Steine einleiten zu können. Für Entspan-

Die zehn Kilometer vor den Toren von Lüderitz gelegene Geisterstadt der Diamantensucher kämpft gegen den Sand und den Wind, der an manchen Tagen mit 150 Stundenkilometern über die Ebenen fegt und siegessicher die Vergänglichkeit von Kolmanskuppe (wie die deutschstämmigen Bewohner es nennen) betreibt.

nung während der Arbeitspausen sorgten Gymnastikgruppe, Turnverein, Bibliothek, Bowlingbahn und Theater. Im Hauptgebäude stellt das Kolmanskuppe-Museum neben dem prachtvollen Interieur und kuriosen Relikten auch Dokumente aus, so zum Beispiel die Kopie eines Angestelltenvertrags mit der Consolidated Diamond Mines of Southwest-Africa (Lüderitzbucht 1923, Unterschriften nebst Namen der Zeugen) oder eine Ausgabe der Lüderitzbuchter Zeitung von 1931 mit Beiträgen über die »Jagd auf Diamantenschürfer im Sperrgebiet«, »Diamantendiebstahl« oder den »Diamanten-Welthandel«. Unter der Rubrik »Kolmanskuppe« steht zu lesen:

Am Sonntagabend hatten sich in der Messe in Kolmanskuppe mehr als 200 Personen versammelt, um einen wirklich schönen Abend zu genießen. Das Programm wurde durch einen flotten Marsch der Kolmanskupper Musikvereinigung eingeleitet. Der Männerchor Kolmanskuppe, der wie immer unter der Leitung des Herrn Regling auf der Höhe war, brachte mehrere sehr gute Chöre. Den Glanzpunkt des Abends bildete die Zaubervorstellung des Herrn James. Er brachte zahlreiche Kunststücke zur Vorführung, die eine ungeheure Geschicklichkeit bewiesen.

Ein Schelm, wer Schlechtes dabei denkt – der geschickte Zauberkünstler James hatte sicher auch ein paar Tricks auf Lager, wie sich unbemerkt ein paar Diamanten entwenden ließen.

TOYOTA

IM ZENTRALEN HOCHLAND

Die Hauptstadt Windhoek

Der Blick von der Gartenterrasse der Heinitzburg auf Windhoek zeichnet ein versöhnliches Bild der Gegenwart, das sich hier mit Schwarzwälder Kirsch zu Kaffee mit Sahnehaube an einem schönen Nachmittag versüßen lässt.

Die Christuskirche, ein Wahrzeichen auf einer Anhöhe von Windhoek, wurde einst durch Spenden aus Deutschland erbaut. Sie erinnert an längst vergangene Zeiten wie auch das bronzene Reiterdenkmal gleich nebenan, das ausschließlich der deutschen Opfer der auf furchtbar brutale Weise niedergeschlagenen Herero-Aufstände gedenkt.

NDEPENDENCE AVENUE
ANS INDONGO ST
PRIMEDI
American Swiss
American Swiss
American S
N 10809 SH

250 Meilen Autostraße führen von Swakopmund nach Windhoek – von der Namibwüste über immer höheres Busch- und Steppengelände zu dem Windhuker Hochland. 1700 Meter über dem Meere liegt die Hauptstadt von Südwest, das »Davos Afrikas«. Die klare, trockene Luft, heiße Sonne und kühle Nächte machen sie zu einem Paradies für Lungenkranke – und Gesunde. Mehr als 4000 Weiße und 5000 Eingeborene wohnen, streng getrennt, in der »weißen« und »schwarzen« Stadt Windhuk.

Ilse Steinhoff in »Deutsche Heimat Afrika«, 1939

Das Reiterdenkmal, das 1912 zum Geburtstag des deutschen Kaisers enthüllt wurde, zeigt einen Reiter der Schutztruppe, dahinter Windhoeks »Alte Feste«, die als deutsch-koloniales Hauptquartier um 1890 hier entstand.

Rund 45 Kilometer sind es von Windhoek International Airport bis in die Innenstadt. Ein pieksauberes Asphaltband durchschneidet auf dem Weg die afrikanische Savanne, die hier aufgeräumter erscheint als anderswo auf dem Kontinent. In sanften Kurven führt die zweispurige Landstraße an Einfahrten von Farmen vorbei, die sich »Sonnenhöhe« und »Finkenstein« nennen. Irgendwo überbrückt sie ein ausgetrocknetes Flussbett namens »Bismarck«, bevor sich der Blick auf ein pittoresk von Bergzügen gerahmtes Städtchen richtet. Das also ist »Windhuk«, wie die beschaulich wirkende Kapitale bei den deutschen Südwestafrikanern heißt. Namibias Wirtschafts- und Kulturzentrum liegt auf 1650 Metern Höhe im zentralen Hochland. Die Hälfte seiner 300000 Einwohner lebt indessen in der vorgelagerten Township Katutura. Eine bessere Lage konnte der aus Südafrika eingewanderte Hottentotten-Anführer Jan Jonker Afrikaner (1820–1889) nicht wählen, als er zu Beginn der 1840er Jahre mit seiner Siedlung »Klein Winterhoek« den Grundstein legte: Gutes, trockenes Höhenklima – zwischen 16 und 34 Grad Celsius im Sommer, zwischen sechs und 22 Grad Celsius im Winter, niedrige Luftfeuchtigkeit um 34 Prozent –

Es waren andere Zeiten, als die Hauptgeschäftsstraße Windhoeks »Kaiserstraße« hieß. Aber noch immer gibt es zahllose Beispiele wie die Beethoven-, die Mozart- oder die Von-Eckenbrecher-Straße für den verständnisvollen politischen Umgang mit dem Erbe des untergegangenen deutschen Südwestafrika.

Windhoek ist mit rund 300 000 Einwohnern eine vergleichsweise kleine afrikanische Stadt. Bietet aber viel Flair für Einheimische und Besucher.

reiche Wasservorkommen und die zentrale Lage im Land waren ideale Bedingungen. Das haben zu Beginn der Kolonialzeit auch die Emissäre aus Berlin schnell erkannt und deshalb hier das Hauptquartier der deutschen Schutztruppe aufgeschlagen. 1890 ließ Major Curt von François die »Alte Feste« errichten, die heute das älteste Gebäude Windhoeks ist. Nach dem Bau der Eisenbahnlinie zwischen Swakopmund und Windhoek avancierte die schnell wachsende Kleinstadt zum Verwaltungssitz von Deutsch-Südwestafrika, was einen ordentlichen Entwicklungsschub mit sich brachte. Der wirkt noch immer fort und lässt sich im Zentrum an den modernen Business-Standorten aus Marmor, Glas und Edelstahl ablesen sowie an der stetig wachsenden Einwohnerzahl. Mit Regierungs- und Parlamentssitz, der einzigen Universität und nicht zuletzt der Brauerei ist das wirtschaftliche, politische und kulturelle Leben des Landes in Windhoek konzentriert.

Nur hier in der Hauptstadt und nirgends sonst im Land laufen die wichtigen Fäden zusammen. Was außerhalb der zentralistischen Miniaturmetropole in Erscheinung tritt, wird über ein Dutzend Provinzstädtchen gelenkt. Damit das gut funktioniert, ist eine hervorragende Infrastruktur entstanden auf der Basis regelmäßig verkehrender Zug- und Busverbindungen sowie zahlreicher kleiner Flugplätze, die nonstop von kleinen ein- und zweimotorigen Propellermaschinen angeflogen werden. Geradezu vorbildlich ist das Straßennetz, welches das gesamte Land überzieht. Nach Lüderitz sind es 836 Kilometer, die in gut zehn Fahrstunden zu schaffen sind. Für die 799 Kilometer zur Grenzstadt Noordoe-

ver im Süden braucht man sieben Stunden, für die 495 Kilometer nach Keetmanshoop vier und zum 462 Kilometer entfernten Grootfontein im Norden viereinhalb Stunden. Selbst die weit abgelegenen Städte Opuwo im nordwestlichen Kaokoland (801 km, acht Stunden) und Katima Mulilo im nordöstlichen Caprivi-Zipfel (1253 km, elf Stunden) bleiben auf moderate Weise im hauptstädtischen Einzugsbereich. Die »verbotene Stadt« an der diamantenschweren Mündung des Oranje, Oranjemund, fand sich bislang in keiner Entfernungstabelle, und ein Selbstversuch war schwierig: Der Hauptsitz der Namdeb Diamond Corporation Limited, die zu gleichen Teilen der De-Beers-Gruppe und dem namibischen Staat gehört, galt bis vor Kurzem noch als streng kontrolliertes Sperrgebiet und konnte nur mit Vorabgenehmigung und nach strikten Sicherheitsvorkehrungen besucht werden. Der touristische Aufschwung hat aber auch hier eine Trendwende herbeigeführt.

Klassizistisches Erbe

Wenn es den Hauptstädtern zu warm wird, fahren sie in ihre bildhübsche Küstenstadt Swakopmund (20 000 Einwohner) oder nach Walvis Bay, was sich auf der gut ausgebauten B1/B2 in nur drei Stunden schaffen lässt. Dorthin geht es aber erst im nächsten Kapitel, erst einmal ziehen die architektonischen Preziosen Windhoeks an wie Magneten. Da ist zunächst einmal der Tintenpalast (1913), entworfen von Gottlieb Radecker als Sitz der Hauptverwaltung von Deutsch-Südwestafrika. Seine kuriose Bezeichnung verdankt er dem spötteln-

Um Windhoeks blitzsaubere Fußgängerzone herum, die Post Mall Street, spielt sich das urbane Leben der Mini-Hauptstadt ab: Post und Stadtpark sind gleich gegenüber, hübsche Kneipen zur Lunch-Zeit just um die Ecke, und die Christuskirche ist nur einen kurzen Spaziergang entfernt.

den Volksmund, weil in den Amtsstuben Formulare und Tinte regierten. Heute residiert dort das namibische Parlament, wobei die Spötter von heute gern anmerken, dass sich in dieser Hinsicht nur wenig verändert habe. Nicht zu verpassende Fotostopps sind das Obergericht (1908), das Alte Magistratsgericht (1898), das Offiziershaus (1906), die Kaiserliche Realschule (1909) und das Wahrzeichen der Stadt, die 1910 als Friedenssymbol von Radecker erbaute evangelisch-lutherische Christuskirche. Wie in Lüderitz haben auch hier Kaiser Wilhelm II. und Ehefrau Augusta tief in die Tasche gegriffen und Kirchenfenster und Altarbibel gestiftet. Gleich hinter der typisch deutsch wirkenden neugotischen Kleinstadtkirche, die nachts märchenhaft im Flutlicht über der Stadt steht, protzt das umstrittene Reiterdenkmal. Pferd und Reiter sind aus Bronze und stehen selbstherrlich auf einem Granitblock. Gesamthöhe des Monuments: beinahe zehn Meter. Der überlebensgroße Schutztruppenreiter in Uniform hält den Zügel fest in der Hand und symbolisiert die alte und für viele Namibier leidvolle Zeit: »Zum ehrenden Angedenken an die tapferen deutschen Krieger, welche fuer Kaiser und Reich zur Errettung und Erhaltung dieses Landes waehrend des Herero- und Hottentottenaufstandes 1903–1907 und waehrend der Kalahariexpedition 1908 ihr Leben liessen«, ist auf der Widmungstafel am Sockel zu erfahren. »Zum ehrenden Angedenken auch an die deutschen Buerger, welche den Eingeborenen im Aufstande zum Opfer fielen. Gefallen, Verschollen Verunglueckt, ihren Wunden erlegen und an Krankheiten gestorben. Von der Schutztruppe: 100 Offiziere, 254 Unteroffiziere, 1180 Reiter. Von der Marine: 7 Offiziere, 13 Unteroffiziere, 72 Mannschaften. Im Aufstande erschlagen: 119 Maenner, 4 Frauen, 1 Kind.« Keine Silbe über die vielen Opfer der Hottentotten, Ovambo und Herero, weshalb Peter Scholl-Latour anmerkt, dass die Unversehrtheit des »Denkmals zu Ehren der deutschen Schutztruppe und ihrer Waffentaten im Herero-Krieg« wohl der großzügigen Toleranz oder Indifferenz der schwarzen Regierung zuzurechnen sei. Vielleicht aber auch nur cleveren Tourismusexperten, die sich den interessanten Sightseeing-Spot als Fotostopp für Reisegruppen nicht entgehen lassen wollen.

Das städtische Leben spielt sich entlang der Independence Avenue ab. Die Hauptgeschäftsstraße war bis 1990 berühmt als »Kaiserstraße«. Sie zieht sich

Liebevoll umsorgt wird der Gast im Olive Grove Guesthouse in Windhoek. Hinreißend ist auch der Ausblick aus diesem gepflegten und luxuriös ausgestatteten Gästezimmern.

vom Ausspannplatz, dem ehemaligen Rastplatz für Ochsenkarren, mitten durchs Zentrum und am Zoopark vorbei bis zur historischen »Turnhalle«, die 1909 von Otto Busch als Übungssaal für den Windhoek Gymnastic Club erbaut wurde und in der sich 1975 in der sogenannten Turnhallen-Konferenz Vertreter der verschiedenen namibischen Volksgruppen zusammensetzten, um über die Unabhängigkeit ihres Landes zu beraten. Neben anderen Schönheiten stellt die ehemalige wilhelminische Prachtstraße drei ganz besondere Perlen der Jahrhundertwende-Architektur aus, die der Südwestafrikaner Wilhelm Sander entworfen hat: das Erkrath-Haus (1910), gleich daneben das Gathemann-Haus (1913), das der damalige Bürgermeister von Klein-Windhoek in Auftrag gegeben hatte, und das Kronprinzen-Haus. Letzteres wurde als Hotel Kronprinz schon seit 1902 genutzt und 1920 im Auftrag des Windhoeker Kaufmanns Gathemann zum Geschäftshaus umgebaut.

Keine Minute von Windhoeks schönsten Altbauten und den glitzernden Shopping Malls an der Fußgängerzone entfernt, suchen sich Kameralinsen mit Vorliebe halbnackte Himba-Frauen, die ihr urbanes Domizil gerne in Windhoeks Stadtpark, dem Zoopark, aufschlagen. Dort erregen sie die Aufmerksamkeit, die sie als Fotomodell brauchen. Ihr Honorar fordern sie von verdutzten Knipsern zuweilen lautstark ein, was Methode hat. In der Post Street Mall breitet sich auf Klapptischen und Wolldecken das komplette afrikanische Souvenirsortiment aus: Armreifen aus Elefantenhaar, handgeschnitzte Rhinozerosse, Schachteln aus alten Telefonkabeln, Holzgiraffen und Kochlöffel mit hornverzierten Stielen, Silberschmuck und Halsketten aller Art. Die Chancen stehen nicht schlecht, dass sich so ein schwarzafrikanischer Straßenhändler freundlich als Wilhelm, Friedrich oder Gotthold vorstellt, sofern er tatsächlich aus Namibia stammt. Ganz selbstverständlich werden hier altdeutsche Vornamen mit afrikanischen Familiennamen kombiniert, wie der von Erenfried »Tjivi« Ndjoonduezu beweist. Erenfried hat es in die englischsprachige Tageszeitung »Namibian« geschafft, der Windhoeker Polizist Traugott Ngambe in die deutschsprachige »Allgemeine Zeitung«. Unzählige Male schon war ein Matheus Shikongo in beiden Gazetten vertreten, weil er bereits seit 1992 der Oberbürgermeister der Stadt ist.

Die afrikanische Seele der Hauptstadt

Township Katutura

Katutura, einst eine Township wie Soweto, ist heute eine pulsierende Vorstadt von Windhoek, die keinesfalls nur von Armut geprägt ist. Die meisten größeren Straßen haben inzwischen Wasser- und Stromversorgung sowie Telefonanschluss.

Angesichts der beschaulich wirkenden Hauptstadt und ihrer kleinen, feinen Wohnquartiere wie Ausblick, Hochlandpark, Kleine Kuppe und Klein-Windhoek stellt sich Besuchern schnell die Frage, wo die angeblich 300 000 Einwohner denn zu finden sind. Die Antwort ist einfach: Zu einem großen Teil in Katutura, einer ursprünglichen Zwangssiedlung für Nichtweiße. Auf südafrikanische Lesart auch »Township« oder »Location« genannt, ist Katutura die sichtbarste Hinterlassenschaft der südafrikanischen Besatzungszeit, die von 1920 bis zur Unabhängigkeit 1990 währte. Mit den Konsequenzen der Apartheid: Am 10. Dezember 1959 erschoss die südafrikanische Polizei dreizehn Schwarze, die gegen Umsiedlungsmaßnahmen protestierten.

Knapp zwei Jahre später, 1961, schaffte es der Fernsehjournalist Peter Scholl-Latour, ins neugeschaffene Eingeborenen-Getto von Katutura – in der Sprache der Ovambo »der Ort, an dem wir nicht leben wollen« – hineinzukommen. Eindrucksvoll hielt er fest, welches Bild sich ihm dort bot:

Der Weg dorthin führte an der Beethoven-Straße, der Krupp-Straße, der Daimler-Straße vorbei. Die Township war durch hohen Stacheldrahtzaun abgesperrt. Bewaffnete weiße Posten

nahmen strenge Kontrollen am Eingangstor vor. Neben den »Men's Hostels«, wo die schwarzen Arbeiter in festungsähnlichen Junggesellenquartieren zusammengedrängt wohnten, dressierten burische Polizisten ihre Schäferhunde. Besonders schockiert war ich durch die strikte Absonderung der unterschiedlichen Ethnien innerhalb der »Location«. Auf den bunt gestrichenen Holzhütten waren Buchstaben angepinselt: O für Ovambo, H für Herero, N für Nama, D für Damara, K für Kavango, die zweitstärkste Gruppe aus dem Nordosten. Die Afrikaner waren fein säuberlich geschieden, weil das angeblich dem eigenen Stammesbewusstsein entsprach und weil die Herero mit ihren ehemaligen Sklaven vom Volk der Damara nicht zusammenleben wollten.

Die brutale Erschießung der Demonstranten zog damals die Gründung der namibischen Unabhängigkeitsbewegung SWAPO (South West African People's Organisation) nach sich. Bei den Protestaktionen war auch Sam Nujoma zugegen, der spätere Führer der SWAPO, der 1990 zum ersten Präsidenten des unabhängigen Namibia gewählt wurde. Das Apartheid-Relikt Katutura ist den Windhoekern geblieben, aber viel hat sich verändert. Das drückt sich auch in der beinahe zärtlichen Verballhornung von Katutura zu »Matutura« aus – »der Ort, an dem wir gerne leben«. Vor allem aber sind es vielfältige Programme von Regierung und Stadtverwaltung, die das ehemalige schwarze Elendsviertel mit verbesserter Infrastruktur, Schulen, Krankenhäusern und Sozialstationen zu einem beinahe regulären Stadtteil gemacht haben, auch wenn ihn noch immer Welten von den anderen Wohnvierteln trennen.

Mittlerweile steht Katutura bei Windhoek-Besuchen fest auf der Liste der Attraktionen, was vorher durchaus ein Geschmäckle hatte. Hinterher lässt sich begeistert feststellen: Im ehemaligen Zwangsgetto der Apartheid wohnt die afrikanische Seele der Stadt mit einer umwerfenden und farbenfrohen Kraft. Weshalb eine Reihe lokaler Tour-Unternehmer mit Firmenlogos wie »Face to Face« oder »Wonderzone« Reisegruppen aus aller Welt durch Katutura karrt. Highlights gibt es neben der ausgesprochenen Freundlichkeit seiner Bewohner in ausreichender Zahl. Zum Beispiel den »Soweto Market« mit seinem wuselig-bunten Treiben, mit Obst- und Gemüseständen, Shops und Friseursalons, in denen sich die weibliche Katutura-Jugend fürs Wochenende aufstylen lässt. Gleichzeitig wetzt der Metzger nebenan auf dem Fleischmarkt die Messer für die Openair-Schlachtung.

Der farbenprächtige Soweto Market bietet alles, was man zum Leben braucht: Friseursalon und Schneiderei, Fleischstand, Gewürzhändler, Gemüsemarkt sowie Obststände, aber vor allem jede Menge freundliche Menschen mit guter Laune nach dem auf afrikanische Befindlichkeiten exakt zugeschnittenen Motto: »Lebe den Tag!«

Im vornehmen Speisesaal der Heinitzburg wird für Gourmets eine Cuisine vom Allerfeinsten serviert. Demgemäß ist der Andrang groß und die Reservierungsliste schon deshalb eng. Einen Platz auf der Café-Terrasse gibt es aber fast immer.

»Et kütt, wo et kütt«

Gut zwei Millionen Einwohner teilen sich das kuriose namibische Universum, das im multikulturellen Windhoek in konzentrierter Form erscheint. Mit fünfzig Prozent der Bevölkerung machen die Bantu sprechenden Ovambo die mit Abstand größte Volksgruppe aus. Zwischen einem halben und neun Prozent erreichen die kleineren Ethnien Kavango, Herero, Damara, Nama, Caprivianer, Himba, Rehobother Baster und Tswana. Wobei Forschungen zufolge die San, der Stamm der Buschleute, als die älteste Ethnie gilt, was sie zu den eigentlichen Ureinwohnern Namibias macht. Immer wieder wurden die kleinen sehnigen Menschen mit der gelblichen Hautfarbe im Verlauf der Geschichte aus ihren angestammten Lebensräumen verdrängt – sei es durch andere Stämme, durch koloniale Wirrnisse oder eine schlimme Verquickung von beidem. Deshalb kommen sie auf nur drei Prozent. Immerhin rangieren sie damit noch vor ihren Mitbewohnern deutschen Ursprungs, deren Zahl seit Namibias Unabhängigkeit am 21. März 1990 kontinuierlich abgenommen hat.

Von den sechs Prozent weißen Namibiern englischer, burischer oder deutscher Abstammung spricht nur mehr ein Drittel Deutsch. Bei zwei Millionen bleiben aber immer noch 40000 potenzielle Leser der seit beinahe hundert Jahren erscheinenden »Allgemeinen Zeitung« und ausreichend Stammgäste deutscher Restaurants, Liebhaber deutscher Back- und Wurstwaren und deutscher Biersorten – sowie genügend Jecken für den Windhoeker Karneval. Das ist kein Scherz: »Et kütt, wo et kütt«, im Ernstfall auch mitten in Afrika. Wenn im April die ehemalige Kaiserstraße für den Verkehr gesperrt wird und der größte Karnevalsumzug Namibias durch die Hauptstadt rollt, dann ist der »WiKa« los und der südwestafrikanische Bär tanzt. Natürlich stilecht und original mit Funken-

mariechen, Blaskapellen, Elferrat in vollem Karnevalsputz sowie Prinzenpaar und Prinzengarde. »Watt mutt, dat mutt«, und deshalb dröhnt »Viva Colonia« lautstark aus den Lautsprecherboxen. Damit das auch abgelegene Jecken erreicht, zum Beispiel in der Etoshapfanne oder im Kaokoland, wird das Spektakel live vom Deutschen Hörfunkprogramm übertragen und ist am folgenden Tag detailliert in der »Allgemeinen Zeitung« nachzulesen.

Den schönsten Blick auf Windhoek bieten diese großzügigen Villen und eine wohltuende frische Brise dazu, wenn im namibischen Sommer die Stadt unten bei 40 Grad kocht.

Die »AZ«, wie sich die deutschsprachige Tageszeitung in Kurzform nennt, wurde 1916 als Informationsblatt zu den Entwicklungen des Ersten Weltkriegs gegründet und unter der mehrdeutigen Bezeichnung »Der Kriegsbote« verlegt. Drei Jahre später, nachdem Deutsch-Südwest unter südafrikanische Verwaltung gekommen war, erhielt das Blatt seinen heutigen Namen. Inzwischen ist die »AZ« auch online vertreten und wird als Original in den meisten deutschsprachigen Haushalten Namibias gelesen.

Brückenschlag und Zeitenwende

Die Großväter waren die Gründer, die einst Straßen nach Bismarck und Mozart benannten und Prachtbauten wie die Schwerins-, die Sander- und die Heinitzburg – heute eine Luxusherberge – errichteten, was Windhoek seine ganz besondere Atmosphäre verleiht. Einer von ihnen, Stephan Brückners Großvater, ließ 1920 in der Windhoeker Mozartstraße 2 sein bildschönes Wohnhaus im Kolonialstil erbauen. Dort steht es immer noch, seit einigen Jahren jedoch auf ungewöhnliche Weise zweckentfremdet: Enkel Stephan funktionierte sein Elternhaus nach umfangreichen Renovierungen zu einer gastronomischen Besonderheit um und stellte sie dem Namibian Institute of Culinary Education (»Nice«) zur Verfügung. Nun dient Opas Kolonialhaus als Trainingszentrum für namibische Chefköche – mit Bar, Showküche, einem Restaurantbetrieb der Luxusklasse und Unterrichtsräumen. Der deutsche Chefkoch Ralf Herrgott engagiert sich im »Nice« nicht nur in der beruflichen Weiterbildung für afrikanischstämmige Köche, sondern hat gleichzeitig ein kulturelles und gastronomisch erfolgreiches Zentrum mitten im Herzen Windhoeks auf die Beine gestellt, wo sich Hauptstädter aller Hautfarben und Abstammungen zusammenfinden. Im Wohnzimmer, so erzählt Stephan Brückner in Erinnerungen an seine Jugendzeit schwelgend, habe der Großvater immer sonntags den Kontrabass gespielt. Dort tafelt nun ein multikulturelles Publikum, was zu damaligen Zeiten ganz undenkbar gewesen wäre. Maximal zwölf Köche pro Jahr können sich im »Nice« mit Unterstützung der Deutschen Entwicklungsgesellschaft DEG zum Chefkoch ausbilden lassen. Außerdem qualifiziert eine Reihe von Lehrgängen einheimische Fachkräfte im Hotel- und Tourismussektor. Vieles hat sich verändert, nur die Adresse Mozartstraße 2 ist geblieben.

Eine andere Geschichte ist die von Uwe Mögenburg, der 1951 als Vierjähriger mit den Eltern aus Sachsen-Anhalt kam und nach einer kaufmännischen Ausbildung die 1958 vom Schwiegervater gegründete »Windhoeker Buchhandlung« in der einstigen Kaiserstraße übernahm. Da wäre ein fünfzigjähriges Jubiläum zu feiern gewesen, doch leicht hat es der alteingesessene Familienbetrieb mit drei deutschstämmigen und zwei einheimischen Angestellten nicht. Die deutschsprachige Kundschaft, die sich hier mit deutschen Taschenbüchern, Kalendern, Atlanten oder Kinderbüchern versorgt, wird immer kleiner. Flott verkauft sind die Zeitschriften, die dienstags und freitags per Luftfracht aus Deutschland eintreffen und wie etwa »Zeit« und »Spiegel« mit nur einem Tag Verzögerung in die Auslage kommen.

Eine kuriose Vita für einen Deutsch-Südwester kann Klaus Roerkohl vorzeigen, der in der vierten Generation in Windhoek ansässig ist und nicht weit vom »Nice« entfernt wohnt. »Coins & Stamps« vermeldet das Pappschild neben seinem Arbeitsplatz, einem Straßenstand in der Fußgängerzone. Und der ist seit anderthalb Jahrzehnten zwischen all den Ständen afrikanischer Schnitzkunst auch eine Art Projekt in einer sich schnell entwickelnden multikulturellen Gesellschaft. Mehrmals pro Woche lenkt Klaus vom Klappstuhl aus persönlich den Verkauf von Münzen und Briefmarken. In Kapstadt hat der Namibier deutscher Abstammung Germanistik studiert und selbstbewusst eine schwarze Namibierin geheiratet – er ist in der modernen Gesellschaft seines Heimatlandes angekommen.

Gebraut nach deutschem Reinheitsgebot

Carl List und Hermann Ohlthaver gründeten 1920 die Südwestbrauerei (SWB) in Windhoek, die nach der Unabhängigkeit Namibias 1990 ihren heutigen Namen Namibia Breweries Limited (NBL) erhielt. Ein wenig Historie schwingt im Namen der Mehrheitsgesellschafter – Ohlthaver & List Group – immer noch mit. Ebenso bei der Herstellung des Gerstensafts, die garantiert strikt nach deutschem Reinheitsgebot erfolgt, worüber der einheimische deutschsprachige Braumeister Helmut Grasreiner wacht.

Streng ist die Ausbildung der Brauergesellen geregelt, die alle nach ihrer zweieinhalbjährigen Ausbildung in Windhoek zur Mälzer- und Berufsschulausbildung nach Deutschland müssen, um den deutschen Gesellenbrief zu erlangen.

Im »härtesten Biertest der Welt« wurden die Windhoeker Biere durch die Deutsche Landwirtschafts-Gesellschaft (DLG) ausgezeichnet. Über 500 Mitarbeiter produzieren hier jährlich rund 1,7 Millionen Hektoliter Bier. Die Hälfte davon wird in 23 Länder exportiert. Ein Teil davon geht sogar nach Deutschland.

Windhoek

Der schönste Stadtspaziergang

Ein Spaziergang auf dem Hofmeyer Walk hoch über der Stadt verschafft uns den schönsten Ausblick auf Windhoek: Der Schotterweg, der je nach Jahreszeit von leuchtend rotblühenden Aloen gesäumt ist (weshalb er neuerdings Aloe Trail heißt), führt von der Uhlandstraße (1) auf eine Berghöhe, die den noblen Vorort Klein-Windhoek von der City trennt. Oben zeigen sich die Bergketten Eros Mountains, Auas Mountains sowie die Khomas Mountains rings um Windhoek, mit einem herrlichen Blick auf die Stadt. Beim sanften Abstieg Richtung Zentrum kommen die bekanntesten Sightseeing-Preziosen in Sicht: Die Alte Feste (2), die 1890 als Hauptquartier der deutschen Schutztruppe erbaut wurde und heute die historische Abteilung des National Museum of Namibia beherbergt. Gleich danach das Reiterdenkmal (3), das 1912 zum Geburtstag Kaiser Wilhelms enthüllt wurde, sowie der Tintenpalast (4), der ab dem Jahr 1913 als Verwaltungssitz Deutsch-Südwestafrikas diente. Damals hatten die preußisch geschulten Spezialisten für Formulare aller Art einen heimatlich-deutschen Ausblick auf den Glockenturm der Christuskirche (5). Das 1907 von Architekt Gottlieb Radecker erbaute neugotische Wahrzeichen Windhoeks wirkt durch ein Ensemble prachtvoller Palmen ein wenig deplatziert. Nach der Ecke Independence Avenue/Fidel Castro Straße rückt Windhoeks Zoopark (6) ins Blickfeld, der das Anforderungsprofil eines modernen Stadtparks erfüllt: Von einer Bank im Schatten einer Palme aus das Treiben am Rand der ehemaligen Kaiserstraße zu beobachten, kann zuweilen zu einem Genuss der besonderen Art werden. Außerdem lässt es sich hier in Ruhe Postkarten schreiben, denn das Hauptpostamt (10) ist gleich an der Ecke. Gegenüber stellen Kronprinzen-Haus

(7), Gathemann-Haus (8) und Erkrath-Haus (9), deutsche Jahrhundertwende-Architektur aus, daneben beginnt mit der Post Mall Street die Fußgängerzone. Straßenhändler warten hier mit den typisch afrikanischen Standard-Souvenirs auf entschlusskräftige Kundschaft, aber nicht selten sind die Geschichten, die sie erzählen, spannender als ihre Produkte. Inzwischen ist es Lunch-Zeit geworden, weshalb wir uns in die nahe gelegene Talstraße aufmachen, wo sich in der Alten Brauerei (1902 als »Felsenkeller Brauerei« erbaut) das Namibia Crafts Centre (11) befindet. Nicht um zu kaufen, sondern um einen der begehrten Tische auf der Terrasse im 1. Stock zum Lunch zu ergattern. Auf dem Weg zurück verführt vor dem Carl-List-Haus der Windhoeker »Bücherkeller« unweigerlich zum Stöbern. Wir landen schließlich im Biergarten der »Alten Kaiserkrone«, Post Mall

Street/Ecke Werner-List-Straße (13s), bei frischem Kabeljau und Fassbier. Wer es exotischer braucht, könnte ins O Portuga (portugiesisch-angolanisch), zu Luigi & the Fish (Meeresfrüchte), ins La Marmite (feine Kochkunst aus Nordafrika) oder ins Homestead (Fleisch von A wie Antilope über K wie Krokodil bis Z wie Zebra). Nach Schwarzwälder Kirsch und Bienenstich im Gathemann's ständen noch das Obergericht (1908), das Alte Magistratsgericht (1898), das Offiziershaus (1906) und die Kaiserliche Realschule (1909) auf dem Programm, bevor es dunkel wird. Etwas lauffaul geworden entscheiden wir uns gegen die Kultur, und für Joe's Beer House (13) in der Nelson Mandela Avenue, wo der Gerstensaft bis zum Morgen fließt.

Die mutigen Piloten von Eros

Mit der Cessna über Namibia

Traumflug am Ende der Welt: im Kaokoland in der Nähe von Serra Cafema (oben). Zwischenstopp an der Skelettküste nahe des Skeleton Coast Camp (rechts).

Windhoeks Domestic Airport mit der verführerischen Bezeichnung »Eros« zeigt wartenden Passagieren gern, was gleich passiert. Dutzende Ein- und Zweipropellermaschinen stehen vor dem putzigen Miniaturtower. Eine Cessna 210 wird gerade beladen – gleich geht es ab in die Wildnis. Die 2250 Meter lange Rollbahn mit den Koordinaten 22° 37' 10 südlicher Breite und 17° 5' 0 östlicher Länge verzeichnet 150 bis 200 Flugbewegungen pro Tag – über 50000 im Jahr – und macht den ehemaligen internationalen Flughafen in der Nähe des Stadtzentrums zu einem der umtriebigsten im Südlichen Afrika. Die meisten namibischen Highlights sind von hier aus über die Inlandsflughäfen Katima Mulilo, Rundu, Ondangwa, Walvis Bay, Swakopmund, Oranjemund, Lüderitz und Keetmanshoop mit regulären Flügen zu erreichen. Dazu kommen Hunderte von Start- und Landebahnen an abgelegenen Orten wie Sesriem, Hardap, Ai-Ais, Okaukuejo, Halali, Namutoni, Mile 72, Mile 108, Terrace Bay, Palmwag, Khorixas, Sesfontein und Popa Falls. Nur 16 von ihnen gelten als lizenzierte Flugfelder mit Tankstelle, alle anderen sind Landepisten im wilden Nirgendwo. Vor allem diese sind das Ziel unerschrockener Buschpiloten, die ihren Passagieren Zugang zu den entlegensten Flecken der Wildnis verschaffen. Einige der reizvollsten und unberührtesten Naturparadiese Namibias wie der nördliche Teil des

Die Pilotin Marion Schubert, die hier lässig an ihrer Einmotorigen posiert (großes Bild Mitte), erlebt derartig aufregende Bilderszenen jeden Tag: Blick auf die Skeleton Coast während des Ausflugs zum Swakopmund Airstrip (oben).

Skeleton Coast Park sind ausschließlich auf dem Luftweg zu erreichen oder nur durch beschwerliche Off-Road-Fahrten. Weshalb eine ganze Reihe von Airlines Charterflüge, Fly-in-Safaris und Scenic Flights anbietet wie Wings over Africa, Skeleton Coast Safaris, Atlantic Aviation und Desert Air. Aus der Vogelperspektive zeigen sich Elefantenherden in trocken gefallenen Flussläufen, halb im Sand versunkene Schiffswracks, wimmelnde Robbenkolonien am Atlantik, Barackengerippe verlassener Diamantenminen, abgelegene Himba-Krale, Zebra- und Antilopenherden. Der größte Teil der verwendeten Propellermaschinen sind sechssitzige Cessnas 210. Viele der meist jungen Piloten, die mit der Commercial Pilot's Licence (CPL) im Einsatz sind, fliegen die Strecken täglich und routiniert im Shuttle Service. So lassen sich schnell die erforderlichen 1500 Flugstunden erreichen, die Voraussetzung für die höherwertige Fluglizenz, die Airlines Transport Licence (ATP), sind. Phillip Martan aus Pretoria ist einer von ihnen. Sein Tageseinsatz ähnelt einem Busfahrplan: 8.30 Uhr Eros–Palmwag, 10.40 Uhr Palmwag–Terrace Bay, 11.15 Uhr Terrace Bay–Purros, 12.15 Uhr Purros–Palmwag (zum Auftanken), 13.30 Uhr Palmwag–Windhoek International, 16.15 Uhr Passagiertransfer von International nach Eros. Für ihn ist das Fliegen in Namibia eine besondere Herausforderung: Vier Jahreszeiten an einem Tag, sagt er, das Wetter wechselt alle zweihundert Kilometer. An der Küste erwischt dich der Nebel, im Inland ein Gewitter, in der Namib vielleicht ein Sandsturm. Er prüft den Reifendruck seiner Cessna, dann geht es in den Himmel über der Wüste. Bei einer Geschwindigkeit von 288 Stundenkilometern dauern die 450 Flugkilometer bis nach Palmwag im Kaokoveld anderthalb Stunden. Pittoresk ziehen unten der Brandberg und der Hohenstein vorbei. Christo Roets, geboren im Caprivi-Zipfel, übernimmt Tage später den Part von Purros nach Serra Cafema an der angolanischen Grenze. Später will Christo – wie die anderen – natürlich ganz große Dinger fliegen: Turboprop, Airbus, Boeing. Der Landeanflug auf Hartmanns Valley Airstrip am Marienflusstal gestaltet sich als außerirdisches Landschaftsspektakel, für den Piloten eine alltägliche Routine. Ein Landrover und eine Cessna der Schoeman-Familie, die seit zweieinhalb Jahrzehnten rustikale Expeditionssafaris im Kaokoveld und an der Skeleton Coast veranstaltet, stehen geparkt und verstaubt neben der Piste. Den Rücktransport wird nach einigen Tagen Elsa van Rooyen aus Pretoria übernehmen. Ihren Traum vom Fliegen hat sie als Navigator in der südafrikanischen Air Force verwirklicht, jetzt ist sie eine von drei Pilotinnen der Charter-Airline »Sefofane«. Alle übrigen 17 Piloten bei Sefofane, der Wilderness Airline, sind männlich. Die Frage »Who's the pilot?« hat sie beim Einsteigen schon oft gehört und nach der Antwort in verunsicherte oder gar entsetzte Gesichter geblickt. Nur einmal, sagt sie, hat sich ein männlicher Passagier geweigert mitzufliegen.

»ORT DES TROCKENEN WASSERS«

Naturwunder Etoshapfanne und Damaraland

Sundowner im Mowani Mountain Camp; Naturdenkmal Twyfelfontein im Damaraland; Elefanten nahe Twyfelfontein; Zebras in den weiten Ebenen des Kaokolands (von links oben im Uhrzeigersinn).

Das Naturwunder Etosha National Park zählt zu den tierreichsten Regionen Namibias: Eine Giraffe an einem Etosha-Wasserloch.

Nur 100 Kilometer – auf selbst für afrikanische Verhältnisse schlechter – Straße entfernt wohnen die nächsten Nachbarn der Farm Onguma, Familie Hartmann. Vater Hartmann war einer der sieben deutschen Schutztruppler, die 1904 das Fort Namutoni an der Etoschapfanne gegen eine Übermacht von mehr als 500 Ovambokriegern in hartem Kampf siegreich verteidigten.

Ilse Steinhoff in »Deutsche Heimat in Afrika«, 1939

Das 1902/1903 von der deutschen Schutztruppe erbaute »Fort Namutoni« liegt im Herzen des Etosha National Park und bietet Besuchern mit seinem staatlichen Restcamp eine luxuriöse Übernachtungsherberge zwischen Turmzinnen an.

Der »Ort des trockenen Wassers«, wie ihn die Ovambo bezeichnen, lässt sich mit Botswanas Okavango-Delta und Südafrikas Krüger-Nationalpark in einem Atemzug nennen: die Etosha-Salzpfanne im Norden Namibias. Etwa 430 Kilometer sind es auf der B 1 von Windhoek bis Tsumeb, das sich auch mit regelmäßig verkehrenden Zügen der TransNamib und mit Linienbussen erreichen lässt. Von dort bis zum östlichen Parkeingang, dem »Lindequist Gate«, ist es nur noch eine Fahrstunde. Die moderne, 16000 Einwohner zählende Minenstadt gilt nicht nur deshalb als idealer Ausgangspunkt für Ausflüge in den Etosha National Park: Über 200 hier vorkommende Mineralien haben das Städtchen wohlhabend und ansehnlich werden lassen. Die Gartenstadt voller feuerrot blühender Jacarandabäume und Bougainvillen liegt auf 1310 Metern Höhe inmitten eines fruchtbaren Acker- und Gemüseanbaugebietes, lebt aber hauptsächlich von dem, was aus tieferen Lagen ans Tageslicht kommt, nämlich Kupfer. Schon Ende 1900 betrieb die deutsch-englische Otavi-Minen- und Eisenbahn-Gesellschaft die planmäßige Erschließung der Erzvorkommen, die per Ochsenkarren nach Swakopmund und von

Gewaltige Felsformationen kennzeichnen die Damara-Landschaften. Wie auf einer steinernen Bühne präsentrieren sich dem aufmerksamen Bertrachter skurrilste Bilder.

Nachfolgende Doppelseite: Löwenfutter. Springböcke, die im freien Steppenland grasen und dabei sehr wachsam sind. Sie müssen erspüren, ob der König der Tiere hungrig ist und ein Jagdabenteuer in Planung hat. Im offenen Terrain hat ein Löwenrudel nur mit einem taktischen gemeinsamen Angriff Aussicht auf die saftige Beute.

Wenn der Regen ausbleibt, treibt es sie (Giraffen, Zebras, Windhunde) alle in der Etosha zum Wasserloch, wo tausend Gefahren lauern – oder keine: Nur wer wachsam bleibt, hat eine Chance zum Überleben.

Das Motto einer Safari im Etosha National Park heißt »Warten«, wie hier am Okaukuejo-Wasserloch. Die Logenplätze besetzen mobile Camper, die bereits vor der Bühne sitzen, wenn sich der Sonnenvorhang hebt.

dort aus mit der Woermann-Schifffahrtslinie nach Hamburg verbracht wurden. Schon wenige Jahre später wurde eine Eisenbahnlinie von Tsumeb nach Swakopmund fertiggestellt, die Abbau und Abtransport im großen Stil ermöglichte. Zum Arbeitsdienst am Gleisbau gezwungene Ovambo und Herero sowie brutale Landenteignungen führten zu Spannungen und zunehmendem Widerstand der Herero gegen die Besatzer. Weil der bisherige Befehlshaber der Deutschen, Major Leutwein, bis dahin nicht hart genug durchgegriffen hatte, wurde er durch Generalleutnant Lothar von Trotha abgelöst, der als eiskalter Stratege galt, was zu einem blutigen Vernichtungsfeldzug gegen das gesamte Volk der Herero führte. Der deutsche General kündigte vorher an, was den Eingeborenen unter seiner Führung bevorstand:

Innerhalb der deutschen Grenzen wird jeder Herero mit oder ohne Vieh erschossen. Ich nehme keine Weiber und Kinder mehr auf, treibe sie zu ihrem Volk zurück oder lasse auf sie schießen. Das sind meine Worte an das Volk der Herero. Der große General des mächtigen deutschen Kaisers, von Trotha.

Den Herero, die unter der deutschen Besatzung Vieh, Land, Selbstbestimmung und manchmal sogar ihre Frauen hatten hergeben müssen, blieb keine

Chance. Rund 65 000 überlebten von Trothas heimtückische Kriegsführung nicht. Wer dem finalen Maschinengewehrgemetzel in der Schlacht am Waterberg entkam, wurde in die wasserlose Omaheke-Wüste getrieben, wo das sichere Verdursten wartete.

Doch die Bahn fuhr und verschaffte dem Minenstädtchen einen ungeahnten Aufschwung. So kamen aus dem Schacht der Friedrich-Wilhelm-Mine im Jahr 1938 an die 175 000 Tonnen Erz, davon 15 000 Tonnen Kupfer, 35 000 Tonnen Blei und 17 000 Tonnen Zink.

»Nahe der Grenze von Angola und Ovamboland im äußersten Norden von Südwest liegt Tsumeb, das Zentrum großen Kupfer- und Bleiabbaus, das zweite wichtige Industriezentrum neben der deutschen Stadt Lüderitzbucht im Süden, dem Mittelpunkt der Diamantenindustrie«, notierte Ilse Steinhoff bei ihrem Besuch kurz vor dem Ausbruch des Zweiten Weltkriegs über die Förderung der wertvollen Rohstoffe in Südwestafrika. 2500 schwarze Minenarbeiter und über 250 Deutsche waren im Minenbetrieb beschäftigt. Über 50 000 Tonnen Kupfer pro Jahr verarbeitet das neue Schmelzwerk der Ongopolo Mining and Processing Ltd. in Tsumeb seit 2007.

Beim Saufen benachteiligt: Giraffen werden bis zu sechs Meter groß und haben eine Schulterhöhe von bis zu drei Metern. Damit die Wasseraufnahme funktioniert, wächst eine Giraffenzunge bis zu einer Länge von 50 Zentimetern. Das reicht aber immer noch nicht, ohne die langen Beine zu spreizen, was in der Wildnis eine lebensgefährliche Körperhaltung ist.

Bis ins 19. Jahrhundert hinein entstanden unendlich viele Felsbilder und Gravuren, die vor allem den San zugerechnet werden, wie diese Bushman Rock Paintings am Brandberg bei Khorixas im Damaraland.

Namutoni – des Kaisers Burg in der Salzpfanne

Nur 228 Flugkilometer sind es von Windhoek bis zum Etosha National Park. Unten zieht bis zum Horizont trockenes Farmland vorbei. Rund 20 Hektar braucht ein Rind in dürrer Vegetation, erklärt der Pilot, folgerichtig umfassen Farmen mit Namen wie Hildesheim, Brandenburg oder Friesland unglaublich große Gebiete. Eine viel diskutierte Landreform sowie der Irrwitz von Politik unter Druck rückt in den Fokus. Die Staatslenker wissen, ihr Volk will Land, wobei eine Landverteilung marktwirtschaftlich keinen Sinn macht – Mugabes Simbabwe ist ein grausames Beispiel. Nach etwa anderthalb Stunden folgt ein Tankstopp in Tsumeb. Nach weiteren zwanzig Flugminuten richtet sich die Nase der Cessna auf eine winzige Piste am Rande der Etoshapfanne, Namibias einzigartigem Tierreservat, das mit 22 270 Quadratkilometern halb so groß ist wie die Schweiz.

Das Onguma Tented Camp an der Parkgrenze vermittelt ein feinfühliges Karen-Blixen-Ambiente. Mit dem Champagnerglas in der Hand kann man vom Pool Zebras, Kudus und Schakale an der Tränke beobachten, die von schlanken Palmen umstanden ist. In der Herero-Sprache bedeutet Onguma »der Ort, den niemand verlassen will«: »Hör auf die Worte des Windes, auf die Stimmen, die

Die künstlerisch veranlagten San wurden von den kapholländischen Siedlern als »Buschmänner« bezeichnet, weil die kleinwüchsigen Menschen als Jäger und Sammler in der Wildnis lebten. Schreiben konnten sie nicht, aber ihre Alltagserlebnisse hielten sie in diesen Bildern fest.

dir erzählen, wie Sand und Sonne verschmelzen«, wirbt Onguma in sanfter Poesie. Am nächsten Morgen wird der Pilot zum Game-Driver. Er steuert das offene Geländefahrzeug zu einem schilfbestandenen Wasserloch und stellt den Motor ab. Namibia-Safari, erklärt der fliegende Wildtierexperte, bedeute nichts anderes als Warten. Nach kurzer Zeit schon tanzen kämpferische Gnu-Bullen um eine Kuh, Giraffen verrenken beinspreizend die Hälse, Oryxantilopen treten vorsichtig ans kostbare Nass, das gleichzeitig von Springböcken, nervös hin- und herlaufenden Perlhühnern, Schakalen und Zebras besucht wird. Hyänen scheuchen kurzfristig die friedvolle Szene auf, während mehr als 50 aufsteigende Weißrückengeier beachtliche Spannweiten zeigen.

Auf der Rückfahrt ins Camp erscheinen Burgzinnen wie Gipskitsch in der Savanne: Namutoni, das ehemalige Fort der kaiserlichen Schutztruppe, heute eine von drei staatlichen Lodges im Etosha National Park. Eine Gedenktafel an den frisch geweißten Mauern vermeldet:

Am 28. Januar 1904 ueberfielen 500 Ovambo die Station Namutoni. Sieben tapfere deutsche Reiter schlugen den Angriff siegr. ab. Ehre ihren Namen.

Einige Hundert Ovambo hatten den Vorposten der deutschen Kavallerie überraschend angegriffen, nachdem die Hauptbesatzung abgezogen war und nur

Hauptsächlich sind Jagsdzenen und Tierbildnisse, aber auch geometrische Formen zu Felsmalereien verarbeitet, wie die reichhaltige Fundstätte Twyfelfontein, die 1952 zum Nationaldenkmal erklärt wurde, beweist.

Trophäentiere der Großwildjäger

»The Big Five«

Ohne Sichtung der »Big Five« läuft keine Safari. Game Driver und Tracker (Fährtenleser) legen sich für ihre Kundschaft mächtig ins Zeug – ein seltener Leopard verspricht ein gutes Trinkgeld (großes Bild Mitte).

Wer die Lücke in einer dahinwandernden Elefantenherde, die gerade seelenruhig die Schotterpiste kreuzt, zur Weiterfahrt nutzt und dabei ahnungslos Jungtiere von ihren Kühen trennt, der hat das Adjektiv in »The Big Five« für alle Zeiten erfasst: Ein stoßzahnbewehrter Bulle wird wie eine tollwütige Dampfmaschine auf die kleine Blechbüchse von Landrover zurasen und dessen Antriebsräder funkensprühend zum Durchdrehen bringen. Was die Lage für die verschreckten Insassen nicht einfacher macht. Elefanten sind die größten Landsäugetiere, werden bis zu vier Meter hoch, und manche haben ein Gewicht von sechs Tonnen. Dafür müssen die Riesen täglich dreihundert Kilogramm Grünzeug von den Bäumen rupfen – ein ökologisches Desaster, wenn das zu viele von ihnen tun – und rund 200 Liter Wasser trinken. Allein das Herz der Großohren, die in Herden zwischen sechs und 200 Tieren umherziehen, wiegt 25 Kilo! Kühe stillen ihre Elefantenbabys vier Jahre lang und werden nervös, wenn sie für ihre Kälber Gefahr wittern.

Obwohl ein Elefantenbulle über drei Meter lange Stoßzähne in Stellung bringen kann, gilt der Dickhäuter als allgemein gutmütig und friedlich, was sich von der Spezies Büffel nicht sagen lässt. Als aggressiver Einzelgänger agiert er mit Hinterlist – erst einmal richtig gereizt, gehört das Kraftpaket zu den angriffslustigsten Tieren im Busch. Auch in der Herde ist mit dieser Spezies nicht gut Kirschenessen – eine Büffelstampede kennt kein Hindernis. Von einer, auf die geschossen wurde, wird berichtet, dass die Tiere sich erst zu einem Halbkreis formierten, um gleich darauf ihre Jäger anzugreifen. Damit müssen selbst Löwen rechnen, wenn sie es wagen, Büffel anzugreifen. Eine der kuriosesten Big-Five-Geschichten erzählt davon, wie einmal ein Rudel Löwen von 200 Büffeln auf die Bäume gehetzt wurde. Die Könige der Wildnis samt Anhang harrten dort stundenlang missmutig aus, weil die Gehörnten unten nicht daran dachten zu weichen. Wer je ein Rhinozeros mit einem Gewicht von drei Tonnen im rasanten Galopp auf sich zupoltern sah und dabei spürte, wie die Savanne unter den Hufschlägen vibrierte, der weiß den Erfahrungsschatz einheimischer Wildhüter künftig zu schätzen – und deren automatische Gewehre. Hernach ließe sich dem Himmel für das Phänomen der Kurzsichtigkeit danken, das Nashörnern zum Glück ausgeprägt eigen ist. Aber Achtung: Ihre gesunde, rein vegetarische Ernährung beschert den Dickhäutern einen hervorragenden Geruchssinn und ein präzises Gehör, weshalb sie so schrecklich schreckhaft sind. Ihr einziger Feind ist der Mensch, von dem sie eigentlich nichts wollen, weil er ihnen nicht schmeckt. Durch ihn sind Nashörner noch immer vom Aussterben bedroht, wenngleich es dank inten-

siver Schutz- und Aufzuchtprogramme in ganz Afrika immerhin wieder 3700 Spitzmaulnashörner – 1970 waren es noch 65 000 – und über 8000 Breitmaulnashörner gibt. Wobei die Bezeichnung »schwarzes« und »weißes« Nashorn nichts mit der Farbe zu tun hat, sondern mit seinem Maul: Aus dem Englischen »wide«, was den großen Mund des Breitmaulnashorns charakterisiert, ist im Laufe der Zeit irrtümlich »white« geworden. Um die Spezies vor dem Abschlachten zu schützen, sind einige Wildparks dazu übergegangen, ihre Rhinozerosse zu betäuben, um ihnen das wertvolle und deshalb verhängnisvolle Horn abzusägen. Wilderer bedienen immer noch den Irrglauben, das pulverisierte Horn sei ein wirksames Potenzmittel, wofür in Asien horrende Summen bezahlt werden.

Wildtiere können jederzeit angreifen. Wenn Löwen das tun, spurten sie 50 Stundenkilometer schnell und springen zwölf Meter weit. Bis auf drei Meter Körperlänge wachsen die Riesenkatzen sich aus. Von ihren Opfern fressen sie erst die Eingeweide. Dann arbeiten sie sich langsam vom Hinterteil zum Kopf vor. Solches Detailwissen ist nicht unbedingt tröstlich, wenn man in der letzten Bankreihe eines offenen Safari-Jeeps sitzt und der Fährtenleser mit dem Gewehr ganz vorn.

Während Löwen, obgleich Nachtjäger wie die Leoparden, auch tagsüber in großen Rudeln leicht auszumachen sind, gilt die gefleckte Raubkatze als Höhepunkt jeder Safari. Die Einzelgängerin ist bei Helligkeit wie vom Erdboden verschluckt, was tatsächlich zutrifft, weil sie mit Sicherheit in einer Baumkrone liegt und vor sich hin döst. Nachts bewegt sie sich lautlos am Boden und ist beim Angriff in der Beschleunigung so schnell wie ein PS-starker Sportwagen.

Mithilfe von Funkkontakt und Telefonverbindung zu anderen Safarifahrzeugen sowie der koordinierenden Lodge gilt es fragile Spuren einzugrenzen, bis die Wildtier-Preziosen (Elefanten, Büffel) ausgemacht sind: Wer einen Leoparden oder ein Nashorn zu Gesicht bekommt, hat trotzdem großes Glück.

Nachfolgende Doppelseite: Dramatische Landschaften bietet das Damaraland aus beinahe jedem Blickwinkel, was nicht nur Fotografen sondern auch alle anderen schwindelfreien Wanderer begeistert.

Dieser Geier im Wartestand gehört zur Ausputzer-Kompanie der Aasfresser, die dafür sorgen, dass nach einem »Kill« nichts liegen bleibt (links). Der Blaue Kranich liebt Frischfleisch wie Frösche und Kröten und ist der Nationalvogel Südafrikas (rechts).

noch ein Notposten Wache schob. Der konnte die erste Attacke der Ovambo-Krieger zwar abwehren, doch zogen es die Soldaten des Kaisers vor, sich im Schutz der Dunkelheit davonzumachen. Am Folgetag ließ Ovambo-König Nehala die deutsche Wüstenfestung komplett zerstören.

Zwangsarbeiter mussten das Fort, das seit 1950 unter Denkmalschutz steht und zu den schönsten staatlichen Lodges im Südlichen Afrika zählt, originalgetreu wieder aufbauen. Steinhoff besuchte das bereits verfallende Fort, das sie als letzte Polizei- und Grenzstation auf der Überlandstraße nach Angola und Ovamboland beschreibt, wo sämtliche Eingeborenen, die nach Südwest einreisten, ihre Waffen abgeben mussten: Tausende von wilden Tieren, Zebras, Gnus, Springböcke, Löwen und Giraffen äsen dort im paradiesischen Frieden an der großen Salzlecke, die, fast 150 Kilometer breit, sich an der Nordgrenze von Südwest erstreckt, unerschöpfliche Quelle für Büchse und Kamera.

Schutzgebiet seit 1907 – Etosha National Park

Die Nacht in Onguma wird unruhig – was für ein Löwengebrüll. Der »Ort des trockenen Wassers« fängt die Abflüsse des Okavango im Osten und des Ekuma und Oshigambo im Norden als Trinkwasser auf. Wenn es denn welches gibt. Meist ist die 5000 Quadratkilometer große Salzpfanne komplett ausgetrocknet und wird nur an wenigen Tagen im Jahr zu einer wassergefüllten Lagune. Vor allem dann, wenn nach heftigen Regenfällen der Oshigambo oder der Ovambo River im Osten Hochwasser führt, verwandelt sich die salzige Ödnis zu einem gedeckten Tisch für Flamingos und Pelikane. Die schmalen Vegetationsstreifen am Rande der Etoshapfanne – Gras- und Dornsavanne hauptsächlich sowie Buschland und Trockenwald – bilden den Lebensraum einer vielfältigen Tierwelt, die sich aus 340 Vogelarten, 114 Säugetier- und 16 Reptilien- und Amphibienarten zusammensetzt.

Der erste deutsche Zivilgouverneur Friedrich von Lindequist hat diese einzigartige Naturlandschaft schon 1907 auf einer Fläche von knapp 100 000 Quadratkilometern zum Schutzgebiet erklärt. Seit 1970 besteht der Etosha National Park in seiner jetzigen Ausdehnung von nur noch einem guten Fünftel der Fläche von Lindequists Reservat. Einer letzten Tierzählung zufolge leben im Nationalpark derzeit etwa 300 Löwen, 8000 Oryxantilopen,

Der Südliche Gelbschnabeltoko (Tockus leucomelas) stößt markerschütternden Schreie aus. Gesehen am Okaukuejo-Wasserloch im Etosha National Park.

Gemsböcke, die sich im Etosha National Park während der größten Mittagshitze im Schatten einer Baumkrone versammeln, wiegen sich in der Gewissheit, dass Raubtiere zu dieser Tageszeit wenig Lust zum Jagen verspüren.

700 schwarze und wenige Hundert weiße Nashörner, 2500 Giraffen, 4000 Gnus, 6000 Zebras, an die 2000 Elefanten und um die 20 000 Springböcke, die sich dank artesischer Quellen sowie von Grundwasser gespeister oder vom Menschen durch Bohrungen angelegter Tränken gut mit Wasservorräten versorgen können und sich dabei prächtig vermehren.

Das durch Elektrozäune gesicherte Areal macht 700 Kilometer gut befahrbarer Pisten für Besucher leicht zugänglich. Durchschnittlich 200 000 kommen pro Jahr. Die Pisten verbinden etwa 100 Wasserlöcher mit exotischen Namen wie »Olifantsbad«, »Gemsbokvlake« oder »Halali«, die im östlichen Teil des Parks mit dem eigenen Pkw angefahren werden können. Bis Sonnenuntergang müssen alle Besucher eine der Unterkünfte angesteuert oder den Park verlassen haben – aus gutem Grund. Die gesamte westliche Parkhälfte ist nicht frei zugänglich.

Zum hundertjährigen Bestehen des Etosha-Reservats im Jahr 2007 wurden die drei staatlichen Camps der Namibia Wildlife Resorts – Halali, Okaukuejo und Namutoni – durch eine Investitionsspritze von 6,5 Millionen Euro herausgeputzt. Das namibische Nationaldenkmal Namutoni, das mit seinen frisch getünchten Burgzinnen wie eine Fata Morgana in den azurblauen Himmel ragt, beherbergt ein Museum und bietet Unterkünfte vom einfachen Zeltplatz bis zur Luxussuite. Allabendlich versammeln sich Besucher zum spektakulären Sonnenuntergang auf den Burgmauern, während der Hornist zum Einholen der namibischen Flagge bläst.

So weit das Auge reicht – Streifengnus im Schutz ihrer riesigen Herde auf Wanderung zum nächsten Futterplatz (oben) und muskulöse Kuhantilopen beim friedlichen Äsen im Etosha National Park (unten).

So ist die Wildnis: Lange passiert nichts, und dann alles auf einmal – Löwin in Hab-Acht-Position in der Etosha; Mutter und Kind einer Herde Wüstenelefanten am Hoarusib River bei Purros im Kaokoland; eine hochgiftige Zebraschlange bei Khorixas im trocken gebrannten Damaraland.

Meisterhaft – Damaras »Rock-Art«-Galerie

Wer auf eigene Faust unterwegs ist und von hier aus noch weiter in die nördlichen Landesteile Namibias will, muss sich entscheiden. Ein Blick auf die Karte zeigt: Von hier aus geht es östlich über Grootfontein in Richtung Caprivi-Zipfel, westlich durch das Kaokoland bis zur Skelettküste und nördlich ins wasserreiche Ovamboland. Dort verwalten die Regierungsbezirke Oshikoto, Ohangwena, Oshana und Omusati Provinzstädtchen und Ortschaften wie Ongwediva, Ondangwa, Onaanda, Okalongo, Ongulumbashe, Onamandongo und Ongadjera sowie ein Dutzend weiterer Zungenbrecher mit dem gleichen

Anfangsvokal. Auch die Hauptstadt der Ovambo, Oshakati, trägt zur phonetischen und geografischen Verwirrung bei.

Am nächsten Morgen zieht die Cessna noch eine Weile über die Weiß- und Pastelltöne der endlos scheinenden Etoshapfanne – die volle Schönheit dieses Naturwunders erschließt sich dem Betrachter tatsächlich erst aus der Luft: Sand, Wasser, blauweißliche Salzlaken zusammen mit Braun- und Ockertönen sowie dem zarten Grün an den Ufern malen ein überdimensionales Aquarell. Kurz darauf geraten Canyons, Trockenflüsse, getürmte Steinklötze und starre Felssäulen ins Blickfeld – die wild zersägten Gebirgszüge des Damaralands.

Hervorragender Überblick auf ihr Terrain bei Palmwag im Kaokoland: Aus sechs Metern Höhe das Grasland nach potenziellen Feinden abzuscannen, schafft von den großen Wildtieren nur die Giraffe.

In der weiten Fläche der Etosha, am Okaukuejo-Wasserloch: Lange Hälse sind zwar weithin sichtbar, bieten aber den überlebenswichtigen Überblick. Feinde haben Giraffen ohnehin eher selten zu fürchten. Ihre knallharten Hufe haben sich angriffslustigen Raubkatzen tausendfach ins Bewußtsein gebrannt.

Über 500 Straßenkilometer sind es von der östlichen Etoshapfanne über Khorixas bis Damara, Luftlinie nur die Hälfte. Im Tiefflug brummt die einmotorige Maschine über eine schmale Savannen-Piste, um eine dort grasende Herde Hartmann-Bergzebras zu verschrecken, und setzt erst beim zweiten Landeanflug auf. Das klobige Unimog-Fahrzeug, das Trockenbettflüsse auch dann durchquert, wenn sich nach Regenfällen rauschende Fluten darin sammeln, mahlt sich mit dicken Ballonreifen durch den trockenen Sand. Wüstenelefanten ziehen friedlich an baumbestandenen Ufern entlang, eines der selten gewordenen Black Rhinos stampft schnaubend davon. Eine rötliche Staubpiste schlängelt sich durch bizarre Steintürme aufwärts. Und dann wird aus Landschaft Skulptur – perfekt rund geschliffene meterdicke Basaltkugeln warten auf Vorsprüngen, als würden sie in nächster Sekunde losrollen. Manche der Riesenmurmeln klaffen auseinander, als seien sie von unsichtbarer Hand in zwei gleichgroße Hälften gespalten worden.
Ganz oben auf diesem Felsgebilde versteckt sich das Mowani Mountain Camp zwischen Steinquadern, Säulen und Kugeln – Haupthäuser mit Domkuppeln aus Reetgras, vereinzelt Luxuszelte, die auf Stelzenplattformen wie Adlernes-

ter über der Tiefebene schweben. Wer gegen fünf Uhr den Programmpunkt »Sundowner« negiert, verpasst auf einem Felsplateau hoch über den Dächern der Lodge die Attraktion: eine 360-Grad-Vorführung des pastellfarbenen und später glutrot werdenden Bergpanoramas von entrückender Schönheit. Nicht ohne Grund heißt Mowani – oder »M'wane« auf Damara – »Place of God«.
Abends in der Boma, am Feuer, kursieren Geschichten: »Du stehst mit dem Gewehr im Anschlag, und siehst einen mähnigen Löwen mit Riesensprüngen auf dich zurasen. Du weißt, bei drei Meter Abstand musst du abdrücken, um dich zu retten. Und du hast die Hoffnung im Hirn, dass er sich im letzten Moment doch noch anders besinnt.« Oder wie eine Schwarze Mamba nachts in den Schlafsack kriecht, um sich zu wärmen, sich bis zum Fußende schlängelt, dort dreht und ihren kalten Kopf an der Halsschlagader ablegt. Wenn dir die Panik kommt, bist du schon tot. Die einzige Chance ist still zu liegen und abzuwarten, bis der Morgen kommt und es dem Tier im Schlafsack zu warm wird. Am nächsten Tag stehen die Felsgravuren von Twyfelfontein, der Versteinerte Wald und der Verbrannte Berg auf dem Plan.

Harte Kontraste – In der Etosha läuft nichts ohne Wasser. Deshalb sind die meisten Wasserlöcher des weltberühmten Nationalparks von Menschenhand gebohrt. Nur so konnte sich die Salzpfanne zu einem nachhaltigen Tierparadies entwickeln.

KEA

Landschaft bizarr: Die Felsenbühne von Mowani sorgt für eine monumentale Kulisse, die Sonne oder auch Mond und Sterne für die spannendste Dramaturgie.

Vorhergehende Doppelseite: Die riesigen Felder mit rundgeschliffenen Steinkugeln, aufragenden Felssäulen und klobigen Quadern, zwischen denen sich das Mowani Mountain Camp auf atmosphärisch erstklassige Weise niedergelassen hat, beeindrucken jeden Besucher.

Die fotogenen Jungs (ganz oben) müssen tatsächlich erst anfragen wegen eines Bildes, weil die schmuckvoll gekleideten Herero-Frauen (bei Khorixas, Damaraland) jedem möglichen Motiv in ihrer Umgebung glattweg die Schau stehlen.

SKY BALLOON

Im Himmel über der Wüste

Astrid Gehrhardt (rechte Seite, Mitte) hat als mehrfache Weltmeisterin im Ballonfahren alles im Griff: Tief unten die Bergketten des Namib Naukluft National Park und oben im Korb begeisterte Passagiere.

Wer die sandigen Wunder der Namib aus der stillen Vogelperspektive betrachten darf, wird ein unvergessliches Erlebnis mitnehmen. Eine einstündige Ballonfahrt, unter sich den wogenden Ozean der Sanddünen, ist allerdings keine preiswerte Veranstaltung, dafür aber eine sehr kompakte und intensive. Firmeninhaber Eric Hesemans hat diesen Traum in erster Linie für sich verwirklicht. Seit anderthalb Jahrzehnten ist der Belgier aus Zaire mit seinem Ballon-Tick und der »Namib Sky Ballon Safaris« im Sossusvlei spektakulär im Einsatz. Sechs Ballon-Fluggeräte, die je mit 80 000 bis 100 000 Euro zu Buche schlagen, gehören zur Ausstattung, dazu 25 Angestellte und 15 Geländefahrzeuge. Und nicht zuletzt die hohen Versicherungskosten und die kostenintensiven Sicherheitsstandards sowie pro Fahrt bis zu 15 Kilogramm Propangas. Das wird aus Windhoek herangeschafft, damit sich die notwendigen 6500 Kubikmeter Heißluft im 1200 Quadratmeter großen Hyperlast-Polyestersegel zu einem tragfähigen Ballon aufbauen können. Das alles hat seinen Preis.

Frühaufsteher sollte man sein, denn je kühler die Luft, desto besser die Thermik und umso leichter steigt der Heißluftballon in den Himmel über der Wüste. Wenn die ersten Sonnenstrahlen die Spitzen der umliegenden Bergketten in magisches Licht tauchen und der Himmel dahinter zu glühen beginnt, also um sechs Uhr, ist es trotz Tagestemperaturen bis zu 40 Grad noch bitterkalt. Wenn es endgültig heißt »Leinen los!«, steigt das riesige

Luftgefährt langsam auf. Astrid Gehrhardt aus Stuttgart, Fluglehrerin und Inhaberin mehrerer Weltrekorde im Ballonfahren, ist heute die Pilotin. Eine von insgesamt vier Lizenzinhabern der Namib Sky. Auf 450 Metern Flughöhe explodiert der Sonnenball, während tief unten die Welt immer weiter zur Miniatur zusammenschrumpft. Die Stille beim Dahinschweben wird nur hin und wieder vom brüllenden Fauchen des Gasbrenners gestört, wobei die Passagiere im Korb auf prickelnde Weise verspüren, dass sie nicht wirklich viel Materie von der immer winziger werdenden Erdoberfläche trennt. Auf 1000 Metern, der maximalen Flughöhe, erweitert sich der Horizont ins Unendliche. Düne Nr. 1 ist zu sehen, dann kommt Nr. 45 ins Blickfeld – die meistfotografierte und meistbestiegene, weil sie die Einzige ist, an die sich ganz heranfahren lässt. Wir gleiten dahin! Bei 30 Kilometer pro Stunde schwebt der Ballon über das Dünenmeer des Sossusvlei – mit Rundum-Panorama. Ungefähr jetzt ist die Fahrzeugkolonne auf der 70 Kilometer langen Strecke ins Meer der Dünen unterwegs, weil die Parktore in Sesriem erst bei Sonnenaufgang öffnen. Die acht Personen im Korb, Pilotin inklusive, sind schon da – genau darüber! Die doziert über Luftverhältnisse und Gesamtwetterlage, die hier viel stabiler sind als in Europa. Nur der Wind, der alles bestimmt, lässt an die 30 Flugtage im Jahr ausfallen. Oder der Nebel, der durch den Dünenkorridor zwischen den beiden Trockenflüssen Aub und Tsauchab vom kalten Atlantik hereinzieht. In den Dünen zu landen, ist nicht erlaubt. Wenn der Wind »falsch« bläst, geht der Ballon sofort wieder herunter. Es folgt die Geschichte einer unglücklichen Landung im Tsauchab River. Heute soll der Touch-down punktgenau auf dem Trailer des Geländewagens erfolgen. Tatsächlich geht der Korb nach einer Stunde Traumflug zielsicher auf einem Anhänger nieder, der neben einem Frühstücksbüfett parkt. Routiniert werden – das ist die Tradition nach geglückter Landung – ein paar Flaschen Champagner mit der Machete geköpft.

Nach der Landung erst das obligatorische Champagnerfrühstück (links) und dann ab durch die Wüste in die jeweilige Lodge ans Büfet. Sossusvlei Wilderness Camp (rechts oben) und Lounge in der Little Kulala Lodge (unten).

VON DER WÜSTE UMSCHLUNGEN, VOM ATLANTIK GEKÜSST

Die Jugendstilperle Swakopmund

Wolwedans Dunes Lodge; Sonnenuntergang in der NabibRand Nature Reserve; Tierschädel an der Skeleton Coast, der Skelettküste; eine Straußenfamilie bei Swakopmund (von links oben im Uhrzeigersinn).

Das Dünenmeer Namibias erstreckt sich im Süden vom Orange River bis zum Kuiseb River, im Norden von Torra Bay bis nach Angola. Seine windgeschärften Formen faszinieren Dünenkletterer, die sich hier an Sossusvleis »Big Daddy« versuchen.

Am fünfundzwanzigsten Tage nach der Abfahrt aus Hamburg steuerte die »Njassa« den Hafen von Walfischbucht an. Dicker Nebel hinderte die Orientierung. Schließlich tauchte der Schlepper der Linie auf, der den Dampfer in das Hafenbecken hineinbugsierte. Als die vor der Küste liegende Nebelbank passiert war, lag die Walfischbucht in hellem Sonnenschein da. Nach dreiviertelstündiger Fahrt, immer an den trostlosen Dünen entlang, waren sie in Swakopmund.

Walther Wülfing in »Dich ruft Südwest«, 1930

Dieser Leuchtturm, Swakopmunds Wahrzeichen, steht in voller Pracht an der Strand Straße und das schon seit 1902.

Nach einer halben Stunde über Ocker und Umbra, über sich in der Endlosigkeit verlierende Fahrpisten und hier und dort in der Sonne glitzernde Wellblechdächer abgelegener Farmen taucht während des 45-minütigen Fluges zwischen Damaraland und Swakopmund die Silhouette des Brandbergmassivs mit Namibias höchster Erhebung, dem Königstein (2573 m), auf. Dann zeigt sich unten nur noch Sand, nichts als Sand – und Strand! Ein meerblauer Streifen am Wüstenrand, der Atlantik. Das Swakopmund Airfield, nur Fahrminuten von der Küste entfernt, wird zur Tränke für Ein- und Zweimotorige, die sofort nach der Landung am Tankrüssel andocken, während die Passagiere sich ins Westerland Namibias davonmachen.

Margarethe von Eckenbrecher beschreibt, was sie bei ihrem Besuch Swakopmunds wenige Jahre nach der Stadtgründung sah:

In dieser Einöde haben Menschenfleiß und Ausdauer Unglaubliches geleistet, Windmotore sind in voller Tätigkeit, um das Wasser zu pumpen; die größeren Straßen haben gepflasterte Fußwege und Beleuchtung. Auch einige recht stattliche Gebäude sind vorhanden. Die Häuser, in denen die verschiedenen Gesell-

Ein prachtvolles Beispiel der Gründerzeit-Architektur stellt das Hohenzollernhaus von 1906 in Swakopmund dar.

1892 wurde mit dem Bau des ersten Gebäudes, der Kaserne, begonnen. Was folgte, waren das Alte Amtsgericht, das Woermann-Haus, das Altona-Haus und – neben vielen anderen – der alte Bahnhof, der 1901 im Renaissancestil ans Ende der Gleise gesetzt wurde. »Swakop« versteht sich als Jungenstilparadies, was auch ein Grund dafür ist, dass es bei den Besuchern höchste Priorität besitzt.

schaften ihre Stores aufgeschlagen haben: die Damara- und Namaqua-Handels-Gesellschaft, die Kolonial-Gesellschaft für Südwestafrika, Erhardt & Schultz, Rascher & Thielecke, Wecke & Voigts, und wie sie alle heißen. Viele Restaurants zweiten, dritten, vierten Ranges, die Wohnhäuser der Privatleute, des Hafendirektors, der im Kolonialdienste stehenden Beamten und last not least der pompöse Bahnhof, von dem aus das »Bähnle« seine Fahrt ins Innere antritt.

Seit Major Curt von François mit seiner Schutztruppe hier anlandete, um einen Hafen zu bauen, der mit dem britischen Walvis Bay mithalten sollte, hat die Stadt ihren deutschen Charakter behalten. Das Erbe der wilhelminischen Epoche ist im Stadtbild des begehrten Seebades allgegenwärtig. Immer noch da sind die Bismarck-Straße, die Bergstraße, die Bäcker-Straße und die Nordstrand-Straße – und natürlich das Hansa-Hotel, Baujahr 1905. Im Gästebuch der traditionsreichsten Herberge Swakops haben sich Besucher wie Aristoteles Onassis, Gunther Sachs, Manfred Krug, Götz George und Oliver Reed neben vielen anderen VIPs verewigt. Nostalgische Gefühle erweckt auch eine Reihe weiterer Unterkünfte wie das Hotel Europa Hof (bayrisch), Hotel Adler (modern mit Hallenschwimmbad, Fitness, Sauna) und die Prinzessin Rupprecht Residenz (Pension im ehemalig kaiserlichen Kolonial-Lazarett). Geradezu bombastisch kommt die Architektur des Alten Bahnhofs von 1901 daher, in dem heute das Swakopmund Hotel & Entertainment Centre residiert, eine luxuriöse Residenz mit Pool zwischen klassischen Säulengängen und einer »Roman-Herzog-Suite«. Nicht minder fotogen ist das Kaiserliche Bezirksgericht von 1902, das jetzt als Sommersitz des Präsidenten dient.

8000 Kilometer Luftlinie von der Heimat entfernt entstanden hier, zwischen Wüste und eiskaltem Atlantik, orginalgetreue Häuserkopien an Straßen, die nach Bismarck, Moltke und Kaiser Wilhelm benannt wurden.

Duneworx Swakopmund

Obligatorisch sind Quadbikes der Renner in einer Umgebung, die von weitläufigen Sandarealen und riesigen Dünengebirgen geprägt ist. Weshalb sich der Quadbike-Spezialist Mario Prinsloo (die Großmutter kam einst aus Hamburg nach Südwest) in der Swakopmunder Leutweinstr. 6 vor fahrspaßsüchtiger Kundschaft kaum retten kann. Privat benutzt er eine Yamaha YFZ 450cc, 45 PS, die auf 121 Stundenkilometer und 65 000 N$ kommt. Touristischen Fun-Ausflüglern verleiht er aber lieber eine handzahme 125er Grizzly-Automatik, die immerhin 85 Sachen schafft. An erster Stelle bedient er Privatkunden, die in der Region ansässig sind. Erst danach Unternehmen, die seine Maschinen im Reisesektor einsetzen und schon mal 30 bis 40 Quadbikes auf einen Schlag ordern. Für mehrstündige Offroad-Spezialtouren oder anspruchsvolle Ganztagestouren. Da empfiehlt er gerne die vollautomatische »Rhino«, 660 Kubikzentimeter-Viertaktmotor, mit Allradantrieb. In der Anschaffung kostet solches Fahrvergnügen 97 000 N$ und dürfte auf den wöchentlichen Weekend-Motorcross-Veranstaltungen rings um Swakop das am sehnsüchtigsten bestaunte Quadbike-Vehikel sein. Mailkontakt: mario_prinsloo@hotmail.com

Ein Stadtspaziergang geht in Swakopmund in der verlangsamten Perspektive vor sich, jeder Blick muss zwangsläufig verweilen: hier der Leuchtturm, dort die alte Kabelmesse, dann die evangelisch-lutherische Kirche von 1912 und das Gefängnis (1907).

Swakops Jugendstil

Die Liste architektonischer Preziosen aus der deutsch-kolonialen Ära ist lang. Dazu gehören die »Adler-Apotheke und Drogerie, Emil Kiewitt« wie das Firmenschild neben der stilvollen Eingangstür mit Butzenscheibenglas anzeigt, die evangelisch-lutherische Kirche (1906) in der Poststraße, das Franziskaner-Krankenhaus (1907), das neobarocke Gebäude der ehemaligen Deutschen Schule (1912), das Amtsgericht (1906, heute Sitz der Stadtverwaltung), die Alte Post (1907), das Hohenzollernhaus (1909) und gegenüber der »Prima Schlachterei« das Alte Gefängnis (1807), das noch immer als Justizvollzugsanstalt dient.

Mag der Afrika-Kenner Peter Scholl-Latour über die Relikte der deutschen Ära in Südwest ruhig befinden, dass ihm »die künstliche Verpflanzung einer reichlich spießigen Nordsee-Atmosphäre an den Süd-Atlantik – ein bisschen Norderney, ein bisschen Sylt – wie ein schwarz-weiß-rotes Disney-Land vorgekommen« sei: Swakopmund ist das südlichste Nordseebad der Welt und hat

eine bezaubernde Atmosphäre. Wind- und gischtumtost spaziert man auf der Promenade, inhaliert die salzhaltige Luft, und wer sich auf der Mole umdreht, blickt zurück auf Swakops Wahrzeichen: den 21 Meter hohen rot-weißen Leuchtturm. Besonders dann, wenn der kalte Atlantik feuchtkühle Nebelschwaden über die heiße Sandküste schickt und das Städtchen im Dunst komplett versinkt, wähnt man sich in nördlichen Küstengefilden. Die Strände scheinen hier endlos – bis hinauf zur angolanischen Grenze erstrecken sie sich. Die Badefreuden beschränken sich allerdings meist auf ein Sonnenbad – selbst an den heißesten Sommertagen steigt die Wassertemperatur nicht über 15 Grad Celsius. Weniger empfindlich geben sich Pelikane, Flamingos, Kormorane, Enten und Möwen sowie die Robben, die sich vor hungrigen Wüsten-Schakalen in Acht nehmen müssen.

Auch hinter den schönen Kulissen schlägt Swakops Herz noch ganz schön deutsch: Gabriele Reutter bietet Kosmetik an, Ludwig Schröder Versicherungen und Immobilien, Optiker Rohloff offeriert Sehtests und Brillen, zum Früh-

Nachfolgende Doppelseite: Die evangelisch-lutherische Kirche von Swakopmund wurde 1912 in neobarockem Stil erbaut. Noch heute finden dort Gottesdienste in deutscher Sprache statt.

Villa
Wille
HOTEL
EBERWEIN

Unzählige Gestrandete versuchten in vergangener Zeit, dem teuflischen Küstenstreifen der Skelettküste zu entkommen. Gnadenlose Hitze und ausgedörrte Steinwüsten ließen die meisten aufgeben.

schoppen im Woermannhaus gibt es Bockwurst und Brötchen, und der Männergesangsverein sorgt für eine musikalische Einlage im Haus der Jugend. Bis 2005 produzierte Swakopmunds Hansa-Brauerei streng nach deutschem Reinheitsgebot, worauf man hier mächtig stolz war. Aus Rentabilitätsgründen wurde die Produktion eingestellt und die historische Einrichtung nebst kupfernem Braukessel ins Braustübchen »Raith's Museumscafé« verbracht. Gleich um die Ecke wirbt das Swakopmund Museum mit dem Slogan »Bauet am Erbe«, der nicht nur auf politische, sondern auch auf knallharte marktwirtschaftliche Realitäten trifft. Zum Glück gibt es trotzdem noch Hansa-Bier in Swakopmund, auch wenn es jetzt aus Windhoek durch die Wüste hergeschafft werden muss. In jedem Fall sollte die Zeit reichen für frischen Kabeljau und ein zünftiges Hansa-Pils vom Fass im Lighthouse-Restaurant an der Ludwig-Koch-Straße mit Blick auf Strandpromenade, Mole und Hafenbecken, in dem sich Delfine und Robben tummeln. Oder für einen Besuch im Café Anton, wo in der Kuchentheke tatsächlich Linzertorte, Apfelstrudel und Gugelhupf auf Liebhaber warten. Oder im Speiselokal »Zur Weinmaus« nebenan, das mit Kassler, Griebenschmalzbrot und Schweinebraten das Kontrastprogramm anbietet.

Wasser läßt sich heute, danke des technischen Fortschritts, problemlos durch die ausgetrocknete Landschaft transportieren und macht so die abgelegensten Regionen bewohnbar.

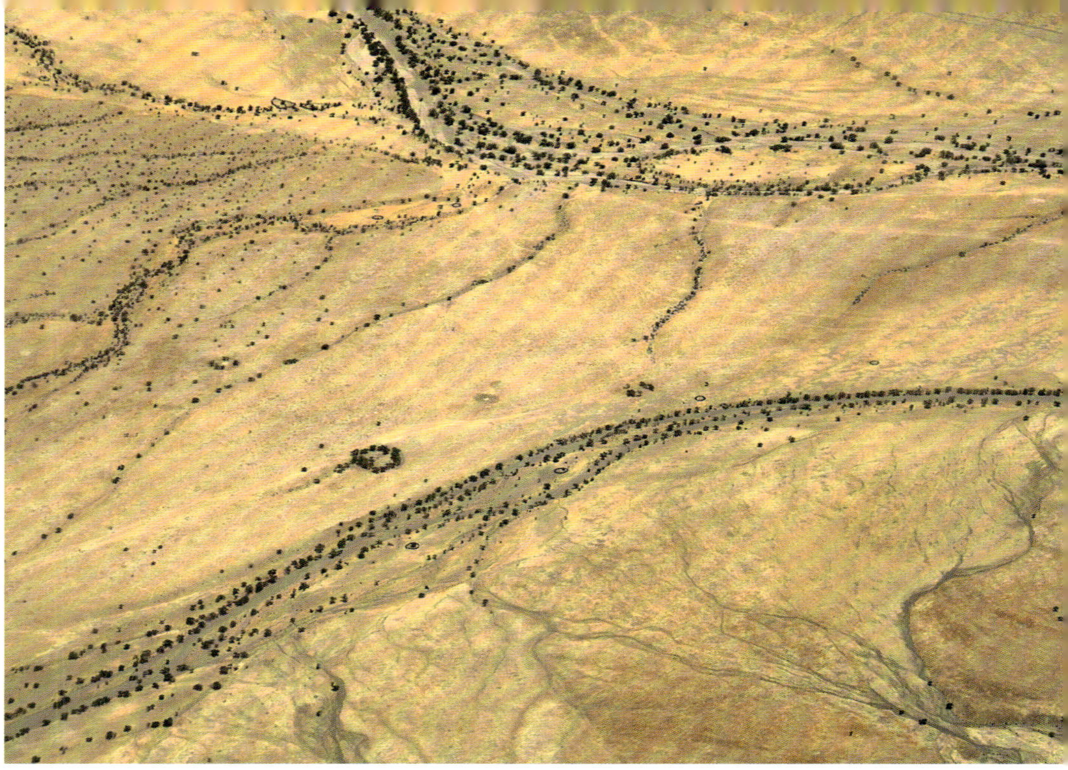

Alte Garde – Deutsch-Südwester

Einer der alteingesessenen Südwester ist Wolfgang Epler, geboren 1930 in Windhoek, aber schon lange wohnhaft in Swakopmund. Seine Farm hat der gelernte Landwirt vor vielen Jahren verkauft. Als offizieller Fremdenführer bessert der rüstige Rentner sein Einkommen auf und führt auf seinen Touren nicht ohne Stolz die Heimat vor. Am Swakoper Leuchtturm vorbei führt die Rundfahrt über die Hafenstraße zunächst ins Strandviertel Vineta. »The Seagull« und »Sea Breeze« sind nur zwei von zahlreichen Pensionen in ansprechendem Boutiquen-Design.

Die Atlantiklage ist so schön, dass sich die feinen Residenzen immer weiter Richtung Norden vorschieben und längst neue Stadtteile entstanden sind namens Vogelstrand, Waterfront und Ocean View. Von den rund 25 000 Einwohnern, sagt Herr Epler, wohnt nur die Hälfte hier, weil die meisten Arbeitsplätze anderswo sind. Im wirtschaftlich umtriebigen Walvis Bay beispielsweise oder in der etwa 60 Kilometer entfernten Rössing-Uranmine, dem größten Urantagebau der Welt mit mehr als 2000 Beschäftigten. Nur wenige Kilometer sind es bis zum Rossmund Golf Club. Mitten im Sandmeer lässt es

Erst aus der Luft wird sichtbar, welche endlosen Weiten das menschenfeindliche Terrain ausstellt, wie hier das nördliche Kaokoveld bei Serra Cafema (ganz oben). Dieser kuriosen Welwitschia-Pflanze scheint das gerade recht zu sein (oben).

Das NamibRand Nature Reserve besteht aus traumhaften Bergketten, unberührtem Wüstengrasland und verzauberten Dünenwelten aus rotem Quarzsand. Die Wolwedans Dunes Lodge durfte mitten hinein gebaut werden – allerdings nur auf Stelzen.

sich dort hervorragend einputten. Die luxuriöse Oase, die sich stolz zu den wenigen Wüsten-Golfplätzen des Globus zählt, bietet herrliche Fairways und Greens, die sich zwischen Hunderten von hochgewachsenen Dattelpalmen ausbreiten, und gilt mit 18 Löchern (6068 Meter – Par 72) als einer der schönsten Plätze im Südlichen Afrika. Die Begrünung erfolgt durch geklärte Abwässer der Stadt, was eine üppige Vegetation schafft, die Hunderte von Springböcken äsend über das Spielfeld ziehen lässt. Da kann ein harmloser Abschlag schon mal zum »Abschuss« werden, was Golfer-Koryphäen wie Dale Hayes, Gary Parker und die anderen Größen des Golfsports, die hier im Gästebuch stehen, nicht irritierte.

Jagen in Namibia

»Eine der großen Attraktionen Namibias ist die gezielte Trophäenjagd oder die Jagd auf Wildtiere während Jagdsafaris, die von zahlreichen Jagdfarmen sowie privaten Konzessionären angeboten werden. Über ethische Standards wacht die Namibia Professional Hunters Association (NAPHA) auf der Grundlage stringenter Reglementierungen durch das Ministerium für Umwelt und Tourismus. Alle Abschüsse sind genehmigungspflichtig. Die strengen Jagdgesetze überwachen Jagdfarmen, professionelle Jäger und einheimische, lizenzierte Jagdführer. Bei der Klassifizierung wird unterschieden in: 1. jagdbares Wild (Kudu, Oryx, Springbok, Warzenschwein und Wildschwein/bushpig); 2. streng geschützte Wildarten (Großwild wie Elefant, Hartman's Bergzebra, Flusspferd und Nashorn); 3. geschützte Wildarten (wie Löwe, Gepard, Gnu sowie diverse Antilopenarten); 4. die Jagd auf Wildvögel. Abschussgebühren belaufen sich je nach Tier auf bis zu 3000 US-Dollar und mehr, was die Jagdwirtschaft mit zahlreichen Betrieben und Arbeitsplätzen am Leben erhält – sowie Tierschützer und erklärte Gegner der Wildtierjagd auf die Palme bringt. Das jährlich erscheinende deutsch-englische Fachmagazin »Huntinamibia« ist Informationsplattform für Interessierte. Weitere Infos findet man unter napha@mweb.com.na sowie www.napha.com.na

Nichts außer Sand

Keine Frage: Kleingetier wie Spinnen und Käfer aller Art fühlen sich in der Namib pudelwohl.

Bevor es ab in die Wüste geht, finden Reisende in der »Swakopmunder Buchhandlung«, die es seit 1900 gibt, nicht nur die meisten gängigen deutschen Gazetten wie »Brigitte«, »Spiegel«, »Sportbild«, sondern auch den »Großen Ravensburger Weltatlas«. Viel interessanter sind allerdings »Die ältesten Reiseberichte über Namibia« von Prof. Dr. E. Moritz, »Aus alten Tagen in Südwest« von Pastor Walter Moritz oder »Elf Jahre Gouverneur in Deutsch-Südwestafrika« von Theodor Leutwein, Generalmajor und Gouverneur a.D. Sein derzeitiger Verkaufsschlager »Wenn es Krieg gibt, gehen wir in die Wüste«, erklärt Anton G. von Wietersheim, der heute das Geschäft führt, sei die spannendste Geschichte von allen. Der dokumentarische Roman erzählt das abenteuerliche Schicksal zweier Deutscher, die in Namibia vom Zweiten Weltkrieg überrascht werden und sich in der Namib-Wüste vor der drohenden Internierung verstecken.

Auf dem Flug ins Herz der Namib zieht Walvis Bay, das nur etwa 30 Kilometer von Swakopmund entfernt ist, unten vorbei. Der einzige Tiefwasserhafen wurde 1878 von Großbritannien annektiert und erst 1994 von Südafrika an Namibia zurückgegeben. Heute legen in der zweitgrößten und wirtschaftlich umtriebigsten Stadt gestandene Tanker sowie Containerschiffe an; darüber hinaus schaffen Fisch- und Salzverarbeitung neben dem Tourismus begehrte Jobs an diesem Ende der Welt.

Südlich der Stadt brechen riesige Sandfelder, »The Falling Dunes«, steil zum Atlantik ab. Dann taucht als Erstes das Wrack des Fischtrawlers »Shaunee« auf, den die Brandung tief in den Sand getrieben hat. Im Tiefflug geht es

Die NamibRand produziert Fotomotive am laufenden Band: Sandsturm über den Dünen und die Sinnlichkeit der Farben der Natur.

Nachfolgende Doppelseite: Spektakulärer Blick über die seit Tausenden von Jahren unveränderte Namib.

Ruf der Wildnis

Das NamibRand Nature Reserve

Große Herden von Spießböcken und Springböcken (oben Mitte), Kudus und Zebras, Hyänen, Schakale und Kapfüchse (rechte Seite oben) führen hier ungestört ihr wildes Wüstenleben.

»Thank you for a wonderful stay. Everyone and everything has been amazing. We hope to be back soon«, schrieb Angelina Jolie im April 2006 ins Gästebuch des Wolwedans Dune Camps im NamibRand Nature Reserve. Unterzeichnet haben Angelina Jolie, Brad Pitt sowie Jolies Adoptivkinder Maddox und Zahara. Die gemeinsame Tochter Shiloh Nouvel Jolie-Pitt kam am 27. Mai 2006 in einer abgeschotteten Klinik in Langstrand an der Atlantikküste zwischen Swakopmund und Walvis Bay zur Welt.

An den östlichen Namib Naukluft Park grenzend hat der deutschstämmige Südwestafrikaner Albi Brückner durch Aufkäufe unrentablen Farmlandes die Namib Rand Nature Reserve zusammengestückelt – in einem der landschaftlich reizvollsten Gebiete der Namib-Region. Das private Naturschutzgebiet erstreckt sich über 120 Kilometer von Nord nach Süd und lockt mit einer vielfältigen Tierwelt: Rund 3000 Oryxantilopen, 1000 Springböcke, etwa 50 Zebras und gut 500 Strauße wurden neben zahlreichen andere Tierarten zuletzt gezählt. Herzstück der Brückner-Stiftung ist die Lodge Wolwedans, ein hölzernes Wunderwerk rustikaler kubischer Bauten, die durch Laufstege auf Stelzen miteinander verbunden sind – von versierten Zimmerleuten aus Ostdeutschland in 240 Meter hohe Dünen gesetzt. Außer Brad Pitt und Angelina Jolie haben sicher auch schon andere VIPs den besonderen Luxus genossen, dass der Lodge weitgehend die Wände fehlen, was eine Safari vom Bett aus möglich macht: mit Blick vom Kopfkissen auf dahinziehende Antilopen- und Zebraherden vor rot schimmernden Wüstendünen und bildschönen Gebirgsketten. 1600 Kilometer Zäune mussten weg und

120 Kilometer Straßen stillgelegt werden, um Albi Brückners Lebenswerk auf 180 000 Hektar zu schaffen. 1984 wurde die erste von 13 Farmen gekauft. So ging es weiter, wenn wieder einmal einem Farmer das Wasser in der Wüste bis zum Hals stand und das wirtschaftliche Ende nahte. Dem Sandboden der Namib-Region mit viel zu geringen Niederschlägen ließen sich ohnehin nur schwer überlebensfähige Erträge abringen. Karakulschaf-Farmen waren die meisten, die ihren Gewinn daraus zogen, den Lämmern am Tag ihrer Geburt das Fell über die Ohren zu ziehen, um daraus Pelze zu machen. Anti-Pelz-Kampagnen in Europa und eine lange Dürrezeit hatten den Markt weitgehend zum Erliegen gebracht.

Inzwischen ist das Bückner-Naturreservat in eine Stiftung übergegangen, die über 140 Menschen beschäftigt, wobei eine nicht unwesentliche Einnahmequelle der Lodge-Betrieb ist. Den hat der betagte Senior längst an Sohn Stephan abgetreten, der die vier Wüstenherbergen der »Wolwedans Collection« – Wolwedans Dune Camp, Wolwedans Dunes Lodge, Wolwedans Private Camp und das Aandster Boulders Camp – von Windhoek aus lenkt. Ein besonderes Thema ist dabei die Infrastruktur hinter den Kulissen: Die Energieversorgung läuft über Solaranlagen, Wasser wird 140 Meter tief aus der Erde gepumpt, Brauchwasser im Schilf-Bett biologisch gefiltert und wieder genutzt.

Die Betriebskosten sind hier höher als in vergleichbaren Betrieben. Der Unterhalt von Straßen, Start- und Landebahnen sowie Flugzeugen verschlingt ebenso Unsummen wie der tägliche Güter-, Angestellten- und Gästetransport. Nicht ohne Stolz erklärt der Junior, dass Wolwedans ausschließlich mit einheimischen Kräften auskommt. Wenn zum abendlichen Dinner Nama-Köche ihr mehrgängiges Menü in ihrer Klick-Laut-Muttersprache annoncieren und dazu die untergehende Sonne über den herrlichen Sterndünen der NamibRand eine Farborgie aus Rot- und Goldtönen produziert, reicht die älteste Wüste der Welt atmosphärisch bis an den Tellerrand. Jedenfalls heute, denn der Hauptgang wird, sagen die Nama-Klicks des Oberkellners, ein Kudu-Steak sein.

Leoparden und afrikanische Wildkatzen, Tok-Tokkie-Käfer und hochgiftige Schlangen gehören ebenso zum Tierbestand der NamibRand wie eine seltene und deshalb ganz besondere Vogelwelt.

Folgende Doppelseite: In den Bergregionen Namibias sind Tausende Felsmalereien und Gravuren entdeckt worden, vor allem um Twyfelfontein, an der Spitzkoppe (im Bild), am Brandberg, im Khomas-Hochland, in den Hunsbergen und in der Naukluft-Region. Manche der steinernen Kunstwerke sind 25 000 Jahre alt.

Nichts für Langschläfer: Die Wüstenlandschaften lassen sich am besten frühmorgens ablichten, wenn die Atmosphäre noch glasklar und frei von Staubpartikeln ist.

danach über die »Edward Bohlen« hinweg, einen Frachter, der 1909 mit Whisky und Trinkwasser beladen von Walvis Bay nach Lüderitz unterwegs war und bei Nebel auf eine Sandbank lief.

Weiter im Inland zeigen sich unten Reste von Diamanten-Camps, Häuser und Hütten, halb verschüttet, und verloren steht ein Ochsenkarren, als wäre er gestern noch gefahren, im Sand. Jetzt zeigt sich die Namib, die mit 20 Millionen Jahren sowohl die älteste als auch die trockenste Wüste der Welt ist. Nach Norden reicht sie bis zur angolanischen, nach Süden bis zur südafrikanischen Grenze und erstreckt sich mit einer Länge von 1500 Kilometern über zwölf Breitengrade. Markant sind die unendlich weiten, in erdigen Farbtönen leuchtenden Dünenfelder, deren Sandgipfel mit über 300 Metern zu den höchsten überhaupt zählen. Flussbetten, die jahrelang trocken liegen, schwellen bei starken Regenfällen zu reißenden Flüssen an. Bizarre Felsformationen, sandgefüllte Täler, Trockenseen und Salzpfannen sind weitere Bestandteile dieser einzigartigen Landschaft. Dabei führt auch hier der kalte südatlantische

Benguelastrom das Regiment, indem er feuchtkühle Nebelschwaden über den Sand schickt und so ein komplexes Ökosystem aufrecht erhält, das vielen Tieren eine Nahrungsgrundlage ist.

Der feuchte Nebel, den das Meer über das vertrocknete Land schickt, versorgt auch zahlreiche Wildtiere wie Springböcke, Zebras, Oryxantilopen, Tüpfelhyänen, Leoparden, Strauße und Paviane. Welche ausgefuchsten Strategien hier das Überleben sichern helfen, lässt sich am Beispiel des »Tok-Tokkie«, des Nebeltrinkerkäfers, besonders anschaulich darstellen: Dieses Insekt positioniert sich nachts, wenn die Nebelschwaden heranziehen, mit hochgerecktem Hinterleib, sodass die mit dem Wind vorbeiziehende Feuchtigkeit am Körper zu Wasser kondensiert und tropfenweise an diesem entlang direkt in die Mundöffnung des Käfers läuft. Ganze Heerscharen von Käfern sind in dieser merkwürdig schrägen Haltung auf den Dünenkämmen zum Durstlöschen angetreten. Bis zu 40 Prozent ihres Körpergewichts können die Nebeltrinker auf diese Weise einspeichern.

Für Langschläfer: Die zahlreich vorkommenden Oryxantilopen und die possierlichen Herden der Gemsböcke im NamibRand Nature Reserve kann man zu jeder Tageszeit beobachten.

Sossusvlei – das Dünenspektakel

Bereits 1907 erkannte die deutsche Verwaltung die Einzigartigkeit der Namib-Region und stellte die Wüste östlich von Swakopmund und Walvis Bay unter Naturschutz. Später kamen mit staatlicher Hilfe aufgekaufte Farmgebiete und an den Staat abgetretene Territorien der Diamantensperrgebiete als weitere Schutzzonen hinzu. Heute ist der Namib Naukluft National Park mit 50 000 Quadratkilometern das größte Wildschutzgebiet Afrikas und das viertgrößte der Welt, in das die Schweiz und 16-mal die Größe des Bodensees hineinpassen würden.

Das Herz der Namib heißt Sossusvlei und ist mit seinen bis zu 388 Meter hohen Dünengipfeln Namibias beliebtestes Ausflugsziel. Noch rund 70 Kilometer sind es vom Parktor in Sesriem – wo es nicht viel mehr als das Nationalparkbüro, einen kleinen Laden, einen Campingplatz und die Sossusvlei Lodge gibt – bis zum Trockensee des Tsauchab und des Aub River. Genug Zeit für Pkw-Reisende, sich der sandigen Märchenwelt langsam zu nähern und dabei die Zunahme der Landschaftsdramatik zu erleben. Die letzte Etappe trennt die Spreu vom Weizen – nur mit Vierradantrieb ausgestattete Selbstfahrer legen die verbliebenen fünf Kilometer bis zu den Dünentürmen zwischen »Big Daddy« und »Big Mama« vollklimatisiert zurück, während gewöhnliche Autos auf einem ganz gewöhnlichen Parkplatz abgestellt werden müssen.

Unerschrockene machen sich von dort zu Fuß auf den Weg, die Mehrheit nutzt jedoch den Shuttle-Taxi-Service. Während der Fahrt auf der tief versandeten Piste zeigen sich auf beiden Seiten gewaltige vom Wind modellierte Dünengebilde, die täglich ihre Gestalt verändern. Dann ragen sie auf, die ganz Großen des Sossusvlei, an der Endstation mitten im Sandmeer, dem Dead Vlei. Hier dürfen sich alle wieder vereint fühlen: das Fußvolk, die Four-Wheel- und die Shuttle-Passagiere, inmitten einer einzigartigen Sandlandschaft, deren Abbild auf keiner Reisebroschüre Namibias fehlt.

Allein die Fahrt vom Parkeingang in Sesriem zu den gewaltigen Dünenfeldern des Sossusvlei ist ein Landschaftstraum aus weiten Flächen. Wie gemalt steht die Oryxantilope (rechte Seite) vor einer dieser Riesendünen, die Namen tragen wie Big Daddy, Big Mama oder einfach nur nummeriert sind wie die Düne No. 1.

Nachfolgende Doppelseite: Eine Wissenschaft für sich: Über Transversal-, Seif-, Parabol-, Stern-, Hügel- und Sicheldünen und ihre Erscheinungsformen lässt sich vor Ort trefflich diskutieren. Und warum wechseln die Farbtöne von Violett über Rot bis Orange und Cremefarben? Die Düne No. 45 (150 m hoch) ist übrigens die am besten zugängliche, weil sie direkt an der Straße nach Sossusvlei liegt.

Man sollte es sehen, wenn es geregnet hat: Tage später beginnt ein Gras- und Blütenteppich zu sprießen, der das ganze Sandspektakel in ein vollkommen anderes Landschaftsbild verwandelt!

Extremsport

Dass sich der Weg an dieses Ende der Wüste lohnt, finden neben normalen Bade- und Sightseeing-Urlaubern auch zunehmend Liebhaber extremer Sportarten wie Windsurfing, Landyachting, Ballonfahren, Abseiling, Paragliding und Microlighting, Wildwasser-Rafting, Kanu- und Kajakfahren heraus. Neuerdings lassen sich Wagemutige zwischen Meer und Sandmeer aus einer fliegenden Cessna kippen – mit Fallschirm natürlich und, wenn gewünscht, im Tandemsprung. Auch Sandboarden gehört ins Adrenalin-Repertoire, wenn es

Vom Dead Vlei, der Endstation aller Dünenträumer am Ende des Dünentals, sind es nur noch 55 Kilometer bis zum Atlantik. Von dort kommt an manchen Tagen der feuchtigkeitsspendende Nebel herüber.

in Schussfahrt mit 80 Stundenkilometern von Walvis Bays Riesendünen abwärts geht. Wildwasser-Rafting gibt es zum Beispiel auf dem Kunene River, einem der krokodilreichsten Flüsse des Südlichen Afrika, was den Pulsschlag auf Hochfrequenz bringt. In steigendem Maß entwickelt sich auch Quadbiken zum sportlichen Freizeitspaß, bei dem es mit Allradantrieb durch den Wüstensand geht. »Sailors have more fun« gilt schließlich für alle, die zwischen Walvis Bay und Swakopmund bei steifer Brise und heftigem Seegang ins Hobie-Cat- und Regatta-Segeln einsteigen.

Folgende Doppelseite: Am Ende aller Dünen – der Atlantische Ozean.

Zur größten Seehundkolonie

Über Wlotzkasbaken nach Cape Cross

Cape Cross ist für Besucher täglich von 10 bis 17 Uhr geöffnet. Zwischen 100 000 und 200 000 Seelöwen leben hier. Die Ohrenrobbe (auch Pelzrobbe genannt) ist eine von drei heimischen Robbenarten.

Als Hans-Otto Meissner – Autor des Buches »Traumland Südwest« – vor fast 40 Jahren auf der alten Salzpiste von Swakopmund 130 Kilometer Richtung Norden bis ans Kreuzkap wollte, war seine erste Station eine Strandsiedlung namens Wlotzkasbaken. Der merkwürdige Name geht auf den Tschechen Wlotzka zurück, der einst in einer Hütte aus Treibholz hauste und angeschwemmtes Strandgut aufsammelte, das er mit dem Hundekarren nach Swakop brachte und zum Verkauf anbot. Wlotzkasbaken, so Meissner vor 40 Jahren, zähle hundert Strandhäuser, aber nur einen Bewohner. Alle übrigen Wlotzkasbakener kommen nur zum Wochenende oder zur Ferienzeit. Dann allerdings bevölkern bis zu einem halben Tausend Menschen den Ort und Strand. Es gab dort keinen elektrischen Strom, keine Post, kein Telefon, auch kein Kino, Café oder Restaurant, ja nicht einmal Trinkwasser.

Viel hat sich bis heute nicht verändert im skurrilen Feriendomizil. Abgesehen von der verbesserten Küstenstraße, welche die paradiesische Enklave zwischen der stahlblauen See und den riesigen Sandbergen nun

schneller zugänglich macht. Das etwa 35 Kilometer entfernte Henties Bay war damals schon ein beliebter Badeort, der richtige Fahrwege, elektrisch heraufgepumptes Süßwasser und sogar ein kleines Esslokal vorweisen konnte. Aufgrund seiner schönen Lage mit weitem Blick auf den Atlantik und der guten Wasserversorgung hat sich aus den anfänglichen Strandhütten mittlerweile eine idyllische Küstenstadt mit rund 3000 Einwohnern entwickelt. Einheimische lieben Henties Bay als Anglerparadies, denn Fisch, vor allem Steinbrasse, Barbe und Kabeljau, bedeutet hier alles. Fremde aber kommen vor allem auf dem Weg ins nahe gelegene Cape Cross vor-

An den Felsen unterhalb des Kreuzkaps tummeln sich unzählige Robbenkühe. Ihre gellenden Schreie hallen laut über den Strand. Hier bringen sie ihre Jungen zur Welt, meistens zwischen Ende November und Anfang Dezember nach neunmonatiger Tragzeit.

bei, wo der portugiesische Seefahrer Diogo Cão 1486 als erster Europäer namibischen Boden betrat und ein Steinkreuz errichtete. Zu besichtigen ist allerdings nur eine Replik.

Garantiert echt sind die Pelzrobben der Cape Cross Seal Reserve, der größten Robbenkolonie Namibias. Über 20 solcher Brutkolonien verteilen sich an der gesamten namibischen Küste, zwei weitere, besonders große Kolonien befinden sich in Wolf Bay und in Atlas Bay bei Lüderitz. Seit urdenklichen Zeiten leben die Robben am Strand und auf den flachen Klippen der Küste bei Cape Cross, so berichtet Meissner 1970, ihre Zahl beläuft sich ungefähr auf 50 000.

Bis zum Beginn unseres Jahrhunderts wurden die Robben auf grausame Weise verfolgt und fast völlig ausgerottet. Dann endlich griffen die Regierungen ein und stellten den Rest des Pelzrobbenbestandes unter Naturschutz. Seitdem hat sich ihre Zahl dort, wo es noch Pelzrobben gibt, außerordentlich stark vermehrt, weshalb es nun wieder erlaubt ist, eine begrenzte Zahl zu erschlagen, um ihnen das wertvolle Fell über die Ohren zu ziehen. Am fischreichen Cape Cross haben sich die Zwergpelzrobben inzwischen so zahlreich versammelt, dass zuletzt während der Paarungszeit zwischen November und Dezember an die 250 000 Tiere gezählt wurden. Während dieser Zeit sind die Bullen aktiv, die ein paar Wochen bleiben und bis zu 25 Weibchen befruchten. Diese Schwerstarbeit reduziert die vorher angefressenen Fettreserven um etwa die Hälfte auf rund 180 Kilogramm Körpergewicht. Robben vertilgen große Mengen Fisch, allein in Namibia mit fast zwei Millionen Tonnen das Dreifache dessen, was die Fischereiflotte an Fang anlandet. Die Überpopulation von 600 000 bis 800 000 Kap-Pelzrobben lässt den Ruf nach Regulierung der Bestände immer lauter werden, was allerdings bei namibischen Tierschützern auf heftigen Widerstand stößt.

ZIEMLICH WEIT WEG

Skelettküste, Kaokoland und Caprivi-Zipfel

Am Kwando River; Nilpferd im Bwabwata National Park, Caprivi; Himba-Frau in der Nähe von Purros; Kaktus am Skeleton Coast Camp (von links oben im Uhrzeigersinn).

Der nördliche Teil Namibias zählt zu den abgefahrensten Regionen von Südwest. Weitab vom Schuss sind viele der begehrten Orte nur per Flugsafari zu erreichen oder im Schutz professionell geführter und gut ausgerüsteter Four-Wheel-Expeditionen. Oder auch durch endloses Kilometerfressen auf der Asphaltstraße wie im Caprivi –endlich am Ziel im Skeleton Coast Camp.

Noch besaß man Vorräte an Bord, Trinkwasser und Lebensmittel für sechs bis sieben Wochen. Alles wurde an Land geschafft, und zwischen den Dünen entstanden ein paar Hütten aus Decksplanken. Der Kapitän schickte eine Expedition nach der anderen aus. Doch alle kehrten ohne Ergebnis zurück. Stürme zerschlugen das gestrandete Schiff. An Land löste sich allmählich die Ordnung auf. Man stritt sich um jeden Becher Wasser und stahl sich gegenseitig die Rationen.

Hans-Otto Meissner in »Traumland Südwest«, 1979

Passend zur Namensgebung der Skeleton Coast: Ein Geier scannt die Skelettküste nach Nahrung ab.

»As Areias do Inferno« nannten die portugiesischen Seefahrer den »Höllensand« des etwa 100 Kilometer breiten Strandstreifens, der sich zwischen der angolanischen und der südafrikanischen Grenze erstreckt und auf rund 1500 Kilometern Länge eine der unwirtlichsten Zonen des Südlichen Afrika darstellt. Unberechenbare Strömungen, heftiger Seegang und tückische Untiefen setzten den Schiffen ebenso zu wie die dichten Nebel, die sich regelmäßig wie weiße Leichentücher über Wasser und Land legten. Verursacht wurden Letztere durch den antarktischen Benguela-Strom, der eiskalt auf die heiße Wüstenküste der Namib trifft. Die Skeleton Coast ging als spektakulärster Schiffsfriedhof der Welt in die Geschichte ein. Hunderte von Schiffsuntergängen verhalfen zahlreichen Seeleuten zum allerletzten Landgang – wer sich nach erfolgtem Schiffbruch vor dem Ertrinken zu retten suchte und es trotz eisigen Wassers und tosender Brandung ans Ufer schaffte, hatte dort nur den unbarmherzigen Durst- und Hitzetod zu erwarten. In den Sanddünen der Wüste,

Die Salzkruste im Skeleton Coast Park zeigt die Unwirtlichkeit dieser Region, die für viele zur Endstation geworden ist.

Wahrhaftig erfassen lässt sich die unermessliche Ödnis der Skeleton Coast nur aus der Luft, weshalb eine Fly-In-Safari zwar ein teueres, aber auf jeden Fall ein beeindruckendes und unvergessliches Abenteuer verspricht.

die sich nahtlos an die Skelettküste anschließt, gab es keine Überlebenschance. Am Beispiel der »Orion«, eines viermastigen Ostindienfahrers mit 24 Kanonen an Bord und einer Ladung im Wert von drei Millionen Gulden, beschreibt Hans-Otto Meissner eindrucksvoll das grausame Schicksal gestrandeter Seeleute:

Die Schiffbrüchigen teilten sich in feindliche Gruppen, von denen jede versuchte, auf eigene Faust zu überleben. In verschiedenen Richtungen zogen sie davon, alle in der verzweifelten Hoffnung, dass sie ein Wunder Gottes zu Menschen oder wenigstens zu Wasser führte. Keinem ist es gelungen, alle sind verhungert und verdurstet. Vermutlich hat mancher, der nichts mehr zu trinken hatte, seinen Kameraden totgeschlagen, der noch ein paar Tropfen bei sich hatte.

Die von der sengenden Sonne ausgebleichten Knochen verdursteter Seeleute blieben hier aufgrund des trockenen Klimas lange Zeit erhalten, ebenso die hölzernen Spantengerüste der gestrandeten Schiffe. Die Skelettküste habe mehr Menschenleben gekostet als jede andere Küste der Welt, so Meissners Resümee. Als der Autor vor über 35 Jahren die Wrackstellen aufsuchte, machte die Skelettküste ihrem Namen noch alle Ehre. Er schrieb damals:

Sechzig bis siebzig Meilen weit ist noch heute der Strand von den zerschlagenen Resten der Segelschiffe bedeckt. Im Sand und zwischen dem Geröll liegen gebleichte Knochen und Menschenschädel …

Eine der spektakulärsten Rettungsaktionen fand statt, als der britische Frachter »Dunedin Star« 1942 auf Grund lief. Erstmals in der Geschichte der »Skeleton Shipwrecks« war dank moderner Kommunikationstechnik Hilfe

Four-Wheel-Touren und Wanderungen durch die bizarren Felslandschaften sind Highlights der Skelettküste.

Der Skeleton Coast Park ist einer der unwirtlichsten und gleichzeitig schönsten Orte unseres Planeten, der alles hat, was sich Naturabenteurer wünschen – von singenden Sanddünen über vom Wind verwehte Ebenen bis zu ultratiefen, eingegrabenen Canyons.

Nachfolgende Doppelseite: Im Skeleton Coast Camp eine Abendstimmung wie diese zu erleben gehört zu den bleibenden Eindrücken vom »Ort an dem nichts ist«.

überhaupt möglich. Doch trotz des Einsatzes von Lastwagen, Flugzeugen und von vier Großschiffen dauerte die Bergung der 100 Passagiere unter schwierigsten Bedingungen wochenlang. Dabei wurde der Havarieschlepper »Sir Charles Elliot« selbst zum Wrack, ein Zwölf-Tonnen-Bomber der Bauart Lockheed »Ventura« stürzte beim Hilfseinsatz ab, zwei Matrosen verloren ihr Leben. Einer von ihnen war Matthias Koraseb, der vom National Museum nachträglich ein solides Steingrab zum ewigen Gedenken erhielt, Erinnerungstafel aus glänzendem Messing inklusive. Sandumweht liegt er in Reichweite der Brandung – stellvertretend für all jene, die es nicht schafften. Vor Rocky Point ragen bei Ebbe die Reste der »Elliot« noch aus dem Atlantik. Neben voluminösen Walknochen finden sich im Sand dieses Höllenstrandes Motorteile der »Ventura« verstreut.

Heute wird nur noch das Territorium nördlich von Walvis Bay als Skelettküste bezeichnet, die sich in drei Abschnitte gliedert: die südlich gelegene National West Coast Recreation Area zwischen Walvis Bay und Meile 108 bei Durissa Bay, wo es für Touristen wie Einheimische jede Menge Fahr-, Sand- und Küstenspaß gibt und den sich anschließenden Skeleton Coast Park, der als Nationalpark für Besucher nur zwischen seiner Südgrenze am Ugab River und dem Huanib River auf der Höhe von Möwe Bay zugänglich ist. Bis nach Möwe Bay sind es von Swakopmund 460 Kilometer. Und dann ist es fast noch einmal so weit bis dahin, wo sich der Kunene River an der angolanischen Grenze in den Atlantik ergießt. Der dritte und größte Teil der weiten Küstengebiete des Nationalparks, der mit 16 400 Quadratkilometern größer als Schleswig-Holstein ist, lässt sich ausschließlich aus der Vogelperspektive besichtigen – auf einer Fly-in-Safari. Allerdings ist von den meisten Schiffswracks nicht mehr viel übrig, denn Wind, Sturm, Hitze und Fluten haben die meisten inzwischen beseitigt. Bis auf wenige Ausnahmen gehören die fotogenen Skelette der Vergangenheit an.

Gerippe von Schiffswracks, Gräber von Schiffsbrüchigen, Reste von Flugzeugmotoren und technischen Bauteilen sowie – weithin sichtbar – riesige Walknochen stellen in Hörweite der tosenden Atlantikbrandung die Insignien der Skelettküste, die verstreut auf dem Sand oder darunter begraben liegen.

Wie es dieses Kaktus-Wunder schafft, aus der Kargheit der Skeleton Coast eine Existenz zu schlagen, bleibt Betrachtern ein Rätsel. Vermutlich warten die erigierten Stachler auf die nächste Nebelfront, um Feuchtigkeit zu tanken.

Die letzten Krieger der Wildnis

Himba-Nomaden und andere Ethnien

Eines der letzten Refugien der Himba liegt am fernen Kunene River an der Grenze zu Angola: Weit verstreut sind ihre nomadischen Camps am Fuße sanfter Berghänge zwischen den Ausläufern riesiger Dünen oder in respektvoller Entfernung zu krokodilreichen Flussufern.

Vorhergehende Doppelseite: Ziegenherde in einem Himba-Dorf in der Nähe des Serra Cafema Camps am Kunene River.

Die indigene Bevölkerung Namibias setzt sich aus den Ethnien der Herero, Nama, Tswana, San, Himba, Kavango, Ovambo, Rehobother Baster, Damara und Caprivianer zusammen, die seit 1990 eine gemeinsame Nation bilden. Die offizielle Amtssprache ist Englisch, was von Vorteil ist, weil auf namibischem Territorium außer Englisch und Afrikaans noch 30 weitere Sprachen und Dialekte gesprochen werden. Bis gegen Ende des 19. Jahrhunderts waren die Stammesvölker noch weitgehend unabhängig, dafür gab es aber immer wieder kriegerische Auseinandersetzungen untereinander. Erst mit dem Vorrücken der Europäer begann ein gemeinsames Schicksal. Möglicherweise hätten sie den Verlauf der Geschichte zu ihren Gunsten beeinflussen können, wenn sie es vermocht hätten, vereint aufzutreten. Aber den Verlockungen der westlichen Zivilisation und der modernen Waffentechnik waren die Bewohner der namibischen Weiten leichte Beute. Außerdem war die Strategie der Europäer nach dem Grundsatz »teile und herrsche« erfolgreich. Die weißen Kolonialisten konnten sich über erbitterte Kämpfe zwischen Nama und Herero freuen. Vortrefflich ließen sich mit beiden Kriegsparteien profitable Geschäfte machen. Während die Herero mit den Deutschen paktierten, überfielen die Nama unter ihrem legendären Führer Hendrik Witbooi erst ihre Herero-Brüder und dann die deutsche Schutztruppe – und erlitten eine verheerende Niederlage. Den Herero erging es trotz Wohlverhaltens kaum besser: Sie wurden

durch Rinderpest, Malaria, Typhus und Heuschreckenplagen dezimiert, während die deutsche Kolonie erstarkte. Schließlich lehnten sich die Herero unter Häuptling Samuel Maherero 1904 in einem Verzweiflungsakt gegen die Kolonialmacht auf, die sie als Zwangsarbeiter beim Eisenbahn- und Bergbau einsetzte. Ein schlimmes Schlachten begann, das Generalleutnant von Trotha im Frühjahr 1904 mit einem gezielten Massaker an den Herero beendete.

Weitgehend unberührt von den Wirren der Kolonialzeit blieben die im Norden siedelnden Ovambo, die so kriegerisch waren, dass sich die Kolonialmacht nicht mit ihnen anlegen wollte. Auch die im nördlichen Kaokoveld lebenden Himba-Stämme blieben weitgehend unbehelligt. Die »Ockermenschen«, die ihre Haut mit einem Gemisch aus eisenoxidhaltiger Erde und Ziegenbutter vor der brennenden Sonne schützen, führen bis heute in abgelegenen Bergregionen eine steinzeitliche Existenz in lehm- und dungverputzten Rundhütten. 24 Stunden lang am Tag brennt dort das heilige Feuer »Okuruwo«, damit im »Makera«-Ritual der Sippenführer oder Headman die Vorfahren bitten kann, die Milch seiner Kühe vor bösem Tabu zu bewahren. Als Halbnomaden, die von Schafen, Ziegen und Kühen leben, ziehen die Männer mit ihrem geheiligten Vieh durch das trockene Land, während Frauen und Kinder im Kral verbleiben. Möglicherweise ist es nur noch eine Frage der Zeit, wie lange sich die Himba den Verlockungen der modernen Welt entziehen können. Schon jetzt präsentieren hübsche Himba-Mädchen ihre Nacktheit immer häufiger anrückenden Kameralinsen – manchmal sogar schon gegen Entlohnung. Und dort, wo Kontakt zur »anderen Welt« besteht, in der Nähe von Siedlungen und Lodges, werden längst Souvenirs zum Verkauf dargeboten. Auch gehen an solchen Orten die meisten Kinder im Rahmen staatlicher und privater Förderprogramme zur Schule.

Von den Himba, die in der Region um Purros leben, schicken manche ihre Kinder zur Schule und knüpfen Kontakte zu ihren zivilisierten Herero-Stammesbrüdern sowie zu umliegenden Camps. Dagegen wollen andere ganz bewusst weiterhin traditionell leben und lehnen jegliche Verbindung zur modernen Welt ab.

Fremde Welt – Kaokoveld

Liebhaber skurriler Küstenlandschaften werden von Cape Cross aus gleich weiter nach Norden fahren und für eine Weile noch die unwirkliche Szenerie dieser Route genießen: Am rechten Wagenfenster die aufsteigenden Sandberge der Wüste, am linken das Stahlblau des Atlantischen Ozeans. Sonst nichts außer Robben, flatternden Seevögeln und mit etwas Glück die Schwanzflosse eines in die Tiefe abtauchenden Wals. In Torra Bay verwandelt sich der »coastal ride« zu einem »mountain drive«, der ins Kaokoland führt.

Georg Hartmann beschreibt hier seine Kaokoveld-Expedition im Jahr 1900 so: *Hinter dem Wüstengürtel erhebt sich ein wildes Gebirgsland, 1000 Meter durchschnittlich hoch. An diesem Rande, der hier den Namen Kaokofeld führt, beginnen die Flüsse netzartig Hunderte von Rinnen und Tälern einzusägen, so dass die Tafel von Westen aus durchaus gebirgig wirkt. Dahinter sind als Zeugen große Tafelberge stehen geblieben.*

Das Kaokoveld – nach moderner Lesart die Provinz Kunene – ist Synonym für eines der unberührtesten Gebiete im ganzen Land. Der Aufstieg von der Küste führt über Palmwag und Warmquelle nach Sesfontein. Die Umgebung von Palmwag, malerisch zwischen roten Hügeln gelegen, erfreut sich eines großartigen Tierreichtums, der nicht nur die luxuriöse Palmwag Lodge hervorgebracht

In der Ebene bei Purros streicht der Wind über das trockene Land des Kaokovelds und seine wüstenharten Gräser wiegen sich glitzernd im sanften Sonnenlicht.

hat, sondern unterhalb der Grootberg Mountains auch die Öko-Herberge Etendeka Mountain Camp. Das Örtchen Warmquelle liegt malerisch in einer weiten, von Tafelbergen geprägten Landschaft und bietet Reisenden, die sich von staubiger Pistenfahrt entspannen wollen, Labsal in seinen Thermalbecken. In Sesfontein lässt es sich im ehemaligen Fort der deutschen Schutztruppe komfortabel nächtigen – der 1905 geschaffene Posten sollte die damals grassierende Rinderpest sowie Wilderei und Waffenschmuggel kontrollieren und ist nun zu einer gepflegten Lodge ausgebaut geworden. Von hier aus sind es auf der gut befahrbaren Schotterstraße bis nach Opuwo im zentralen Kaokoland noch 123 Kilometer, die für manche zu den schönsten Abschnitten im ganzen Land zählen. Alle hundert Meter wechselt die Piste ihre Farbe – mal erscheint sie in Rot, dann wieder in Schwarz, Orange, Dunkelgrau oder Braun. Der Untergrund – Gesteinsschichten aus Granit, Quarz, Sandstein, Dolomit und Schiefer – liefert die Zutaten. In ständigem Auf und Ab führt die besonders reizvolle Route durch Hügel und sanfte Täler der Giraffenberge, mit bizarren Felsformationen, vulkanartigen Kegeln und Tafelbergen zu beiden Seiten – die Giraffenberge. Opuwo, das Hauptstädtchen der Provinz Kunene, ist der einzige urbane Mittelpunkt und zeigt ein Gemisch aus Himba-Hütten und schmucklosen Betonbauten. Jenseits der Stadtgrenzen wird das Kaokoland schnell wieder zur

Für Paviane sind die felsigen Hänge am Hoarusib River ein ideales Terrain: Die Kleinen sind am frechsten und tollen über Spalten und Abgründe hinweg. Winzige Pavianbabys reiten auf der Mama spazieren. Das illustre Treiben bewacht der Hordenchef mit Argusaugen.

richtigen Wildnis. Draußen im Land leben die halbnomadischen Viehzüchter wie eh und je in der extrem trockenen Region, die mit 50 000 Quadratkilometern größer als die Niederlande ist. Immer noch weit abgeschieden vom Rest der Welt, konnten sich die Himba und die Herero im kargen Terrain zwischen Skelettküste, Etosha und der angolanischen Grenze trotz kolonialer Wirrnisse lange Zeit ihre kulturelle Eigenständigkeit bewahren. Den Zahlen nach wird das abgelegene Kaoko-Gebiet für Besucher immer attraktiver. Über den Nervenkitzel abenteuerlicher Geländefahrten und die Freude an der lokalen Flora und Fauna hinaus bietet diese letzte fast noch unerschlossene Region mit ihren weitläufigen Gebirgslandschaften eine der unberührtesten und schönsten Gegenden Namibias. Violett und grünlich schimmernde Granitberge, tief eingeschnittene Trockenflussbetten und eine einzigartige Wüstenvegetation erwarten den Besucher. Wüstenelefanten, Spitzmaulnashörner, Oryxantilopen, Bergzebras, Giraffen und Kudus haben zwischen den Tönnesenbergen, den Giraffenbergen sowie den Schwarzen und Fahlen Kuppen ihr malerisches Revier. Noch tiefer drang der deutsche Geograf, Forschungsreisende und Kolonialpolitiker Dr. Georg Hartmann um 1900 ins Kaokoveld vor. Sein Expeditionsgebiet war damals die Region des Kunene River an der angolanischen Grenze. Hartmann notierte:

Der Kunene hat immerfort Wasser und zieht selbst durch die Küstenwüste als ein breiter Silberstreifen mit frischgrünen Schilfflächen zu beiden Seiten. An der Westgrenze des Ambolandes stürzt er in herrlichen Fällen über den Rand der südafrikanischen Tafel. Besonders schön ist der dritte Fall, der

An den schmalen Rändern des tief in die felsige Landschaft eingeschnittenen Tals des Hoarusib River (bei Purros) tummeln sich im bescheidenen Grün Wüstenelefanten, Giraffen, Strauße, Springböcke, Oryxantilopen, Schakale sowie die Rinderherden der Himba.

Nachfolgende Doppelseite: Ungefähr so sieht die Anreise aus für jene, die sich in einer einmotorigen Cessna dem Paradies der Cafema Mountains an der angolanischen Grenze nähern: Verheißungsvoll windet sich der Kunene River als grünes Band mit tropisch wuchernden Flussufern durch die von der Sonne gebackenen Felslandschaften.

Bis zu sechs Meter lange Nilkrokodile durchpflügen die dunkelgrünen Wasser des über 1000 Kilometer langen Kunene, der vom angolanischen Hochland zur namibischen Grenze fließt und bis zur Mündung am Atlantik die Staatsgrenze bildet. Passkontrollen gibt es für die illegalen Grenzgänger aus verständlichen Gründen nicht. Weil es im Kunene eine Menge frischen Fisch gibt, sind auch Fischreiher und Warane mit von der Partie.

100 m tief in ein enges Felsental stürzt. Hier ist noch ganz Wildafrika: Undurchdringliche Dornbuschsteppe ringsum; Elefantenherden zu mehreren hundert Stück am Flusse; dazu Rhinozerosse, Flusspferde und Krokodile, die an den Furten auf Treckochsen lauern; Giraffen und Antilopen in der Steppe, dazu zahlreiche Löwen. In der Nacht verraten sich durch ihr Wolfsgeheul die Hyänen.
Hartmann, 1865 in Dresden geboren und seit 1898 mit Anna Woermann, der Tochter des Hamburger Reeders Adolph Woermann verheiratet, gab nicht nur der bedrohten Bergzebra-Art, dem Hartmann-Zebra, seinen Namen, sondern auch einer malerischen Bergkette, den Hartmannbergen, und dem unberührten Hartmann's Tal. An der angolanischen Grenze, zwischen den Hartmann- und den Zebrabergen, lockt am krokodilverseuchten Kunene River eines der letzten Abenteuer. Wer mit Geländefahrzeugen und entsprechendem Terrain nicht vertraut ist, sollte es nicht weiter als bis Opuwo wagen und sich dort einer der gut ausgerüsteten Expeditionen ins Kaokoland anvertrauen oder mit einer Fly-in-Safari eine der letzten Wildnisse Namibias erkunden.

Könnte nicht schöner positioniert sein: Die Serra Cafema Lodge (oben), verborgen im dichten Schilf zwischen Sandbergen und Kunene. Bleibt zu hoffen, dass dieses Naturparadies bald einen Nationalpark-Status erhält und auf die UNESCO-Liste des Naturerbes gesetzt wird. Ähnlich paradiesisch geht es am Hoarusib River zu (unten).

Besonders einzelgängerische Büffel gelten als angriffslustig und sehr gefährlich. Übertroffen werden die tonnenschweren Muskelprotze darin nur noch von Flusspferden.

Geografischer Appendix – Caprivi-Zipfel

Zwischen Opuwo im nordwestlichsten Zipfel Namibias und Katima Mulilo, der Hauptstadt der Provinz Caprivi in der nordöstlichsten Landesecke, liegen nicht nur 1100 Kilometer, sondern Welten. Beim Caprivi-Streifen handelt es sich um ein geopolitisches Kuriosum, das Namibia rein kartografisch betrachtet einen Blinddarm verpasste. Was Leo Caprivi sich am 1. Juli 1890 im Helgoland-Sansibar-Vertrag von den Briten erhandelte, war ein 460 Kilometer langer und zwischen 30 und 90 Kilometer breiter Korridor, der das ehemalige Deutsch-Südwestafrika mit Deutsch-Ostafrika, dem heutigen Tansania, verbinden sollte. Der Afrika-Experte Peter Scholl-Latour schreibt dazu:

Insgeheim hegte Kaiser Wilhelm II. zu jener Zeit wohl die grandiose Utopie einer Ausweitung Deutsch-Zentral-Afrikas unter Einschluß des Kongos König Leopolds II. sowie weiter Teile der portugiesischen Besitzungen Angola und Mosambik, die er mit Eduard VII. von England aufteilen wollte. So ist denn der Caprivi-Zipfel als heutiger Besitz der Republik Namibia erhalten geblieben. Wie ein Symbol überheblicher Imperial-Politik, wie ein mahnend ausgestreckter Finger ragt er nach Osten und richtet sich auf das Herz Afrikas.

Immerhin verschafft der Landstreifen mit Grenzen zu Angola, Botswana, Sambia und Simbabwe den Namibiern heute freie Fahrt zu den Victoriafällen.

Auf namibischen Landkarten tritt das 11 534 Quadratkilometer große Territorium – mehr als viermal so groß wie der Bodensee – kaum in Erscheinung, weil der kuriose Appendix aufgrund seiner länglich-schmalen Gestalt im Verhältnis zum Kernland auf kein normales Landkartenformat passt.

Bequemer als früher lässt sich das Gebiet auf dem seit 1998 durchgehend geteerten Trans-Caprivi Highway erfahren, auch wenn die mehrheitlich flachen Landschaften eine gewisse Eintönigkeit ausstrahlen. Die heißeste Zeit liegt zwischen September und November mit schwülen Temperaturen bis 35 Grad Celsius. Während der Regenzeit zwischen den Monaten Dezember und März ist mit hohen Niederschlägen zu rechnen, was den Caprivi-Zipfel zur wasserreichsten Region des Landes macht.

Und genau darin liegt seine Attraktion: Aus dem Hochland Angolas kommend wälzen sich die Fluten des Okavango, des Kwando und des Chobe River sowie des mächtigen Sambesi durch den für namibische Verhältnisse sehr feuchten Streifen. Was nicht nur die Malariamücken begünstigt, sondern auch Tiere und Pflanzen vom Allerfeinsten anlockt. Da es zwischen den einzelnen Schutzgebieten der Region keine Einzäunungen gibt, können Wildtiere ungehindert auf Wanderschaft gehen, was für die Region wundersam profitabel ist: Südlich seiner Grenze, auf botswanischer Seite, erstrecken sich mit dem Oka-

Einem erfrischenden Bad sind Elefanten niemals abgeneigt. Das Wasser kühlt ihnen die hohe Körpertemperatur besser herunter als das Wedeln mit den großen Ohrlappen, die zu diesem Zweck so überdimensioniert geraten sind.

Wie die Fauna ist auch die Flora im feuchtwarmen Caprivi auf eindrucksvolle Weise vertreten, wie der stattliche Baobab-Riese (oben) bei Ngoma an der botswanischen Grenze sowie das feuerrot blühende Exemplar (rechte Seite oben) bei Kasane am Ufer des Sambesi zeigen.

vango-Delta und dem Chobe National Park zwei der wildreichsten Gebiete unseres Planeten. Nach den landschaftlich reizvollen Popa Falls, wo der Okavango einige Stromschnellen überwindet, breiten sich mit den Schutzgebieten Mahango Game Reserve, dem Mudumu und dem Mamili National Park sowie dem Caprivi Game Park die Perlen des Caprivi-Zipfels aus. Ihre Feuchtgebiete beherbergen Flusspferde und Krokodile, Hunderte von Vogelarten und natürlich die »Big Five«. Im Gegensatz zu den ariden Landesteilen Namibias explodiert die Flora hier förmlich: Wasser und Weidegründe existieren im Überfluss, imposante Papyrusstauden und bildschöne Galeriewälder säumen malerische Flussufer und faszinieren die Besucher.

Das Versorgungs- und Provinzhauptstädtchen Katima Mulilo empfängt Reisende am Ende der langen Strecke mit zivilisatorischen Einrichtungen wie Flugplatz, Krankenhaus, Banken, Post und Supermärkten sowie schönen Lodges an den Ufern des Sambesi, des längsten und vielleicht aufregendsten Flusses im Südlichen Afrika.

Wer von hier aus zu den berühmten Victoriafällen reisen möchte, überquert in Ngoma (Caprivi) die Brücke über den Chobe River und fährt bis nach Kasane (Botswana) und von dort aus weiter nach Victoria Falls (Simbabwe), das übrigens nur zugern behauptet, einen weitaus besseren Blick auf die Viktoriafälle bieten zu können als der Konkurrent Livingstone auf der sambischen Seite. Auf jeden Fall aber ist die 140 000-Einwohner-Stadt Livingstone von Katima Mulilo aus über den Grenzübergang Wenela wesentlich problemloser zu erreichen.

Die Popa Falls bei Bagani, Caprivi (rechte Seite unten), treiben das Wasser des Okavango in eher beschaulichen Kaskaden flussabwärts. Spektakuläre Wasserfälle, wie der Name verheißt, sind hier eher Fehlanzeige.

Flusspferdfamilie, Affen und Elefanten am Kwando River nahe der bildschönen Lianshulu Lodge im Mudumu National Park, Caprivi: Wasser ist hier überall, weshalb das Boot für die Einheimischen am »Großen Fluss«, dem Sambesi, das wichtigste Fortbewegungsmittel ist.

Nachfolgende Doppelseite: Eine Elefantenherde genießt die Vollmondnacht am Kwando River.

»Out of Africa« Zeit zum Träumen

Die schönsten Lodges

Mit einem klassischen Candle-Light-Dinner (oben: Ntwala Island Lodge bei Kasaneam Sambesi, oben Mitte: Lianshulu Lodge, Mudumu National Park, Caprivi) bringt der Luxus das Sweet-Dream-Potenzial schnell auf Touren (unten Mitte: Susuwe Island Lodge, Bwabwata National Park, Caprivi).

Als die Dänin Karen Christence von Blixen-Finecke unter dem Pseudonym Tania Blixen den Bestseller »Jenseits von Afrika« auf den Markt der Sehnsüchte brachte, kam ein Geist aus der Flasche – die Sehnsucht nach frei lebenden Wildtieren, nach der unberührten Natur afrikanischer Savannen und nach sternenklaren Nächten in romantischen Safari-Camps. Unvergessen sind die Filmszenen mit Meryl Streep, Robert Redford und Klaus Maria Brandauer zwischen Zeltplanen, Klappstühlen, lodernden Lagerfeuern und perlenden Champagnergläsern mit Blick auf krokodilbesetzte Seeufer, Scharen rosa schimmernder Flamingos und badende Flusspferde. Seit der Unabhängigkeit 1990 kann sich Namibia als Senkrechtstarter in Sachen Wildlife-Tourismus freuen – und über eine stetig wachsende Zahl herrlicher Lodges. Jene, denen Atmosphärisches besonders gut gelungen ist, sollen hier ihr Schaufenster finden. Dazu gehören die Lodges der »Wolwedans Collection« in der Namib Rand Reserve ebenso wie die der »Onguma Private Reserve«, die ihre Safari-Herbergen Bush Camp, Tented Camp, Plains Camp und Tree Top auf dem ehemaligen Farmareal des deutschen Geologen Georg Hartmann betreibt, angrenzend an den Etosha Park. Sehr gediegen lässt sich auch in den staatlichen Lodges Namutoni, Halali und Okaukuejo innerhalb des Parks nächtigen. Im Herzen des Damaralandes residiert das Mowani Mountain Camp mit Blick auf bizarre Skulpturenlandschaften. Am begehrtesten ist hier jedoch die Mountain View Suite mit Blick vom Bett aus auf die sich bis zum Horizont erstreckende Tiefebene.

Um das touristische Kernstück der Namib, das Sossusvlei, haben sich über mehrere Jahre hinweg an die

An manchen Stellen ist der Kwando River – weiter unten Linyanti und schließlich Chobe River genannt – ein unüberschaubares Gewirr aus Wasserarmen, was eine Bootsafari (hier im Mudumu National Park, Caprivi) erst richtig abenteuerlich macht.

20 Lodges etabliert. Eine der ersten war die Sossusvlei Lodge vor den Toren des Namib Naukluft Parks, die relativ preiswerte Übernachtungen in ansprechendem Hotel-Ambiente bietet. Allerdings sind von hier bis zum Dünenspektakel noch über etwa 70 Kilometer zu fahren. Näher dran sind da die Gäste zweier Wüsten-Domizile, die auf privatem Pachtland miteinander konkurrieren: der im Modern-Design eingerichteten Luxus-Lodge »Little Kulala« – großzügiges Haupthaus mit Reetdach, elf Chalets mit eigenen Mini-Pools, Holzdeck, Dachterrasse, Blick auf Bergketten und Wüste –, und als Basic Camp in traditionellem Out-of-Africa-Stil das Kulala Wilderness Camp – zehn Canvas-Chalets auf Plattformen, ausgesuchte Hölzer, Naturstein, Dachkonstruktionen aus rustikalem Balkenwerk und Reet, afrikanisches Interieur. Eine drehbuchgemäße Atmosphäre schaffen auch die im Caprivi-Zipfel operierenden Lodges Lianshulu Lodge und Lianshulu Bush Lodge, wenn auch auf ganz andere Weise: Die luxuriösen Beobachtungsposten verstecken sich an den Ufern des Kwando River, der sich im Verein mit den großen Brüdern Sambesi und Okavango seinen Weg durch üppige Feuchtgebiete bahnt. »Rooms with a view« auf die skurrilen Landschaften von Purros bieten die kubischen, in Ocker, Honig und Sandfarben gehaltenen Wohnwürfel der Okahirongo Elephant Lodge, die per Fly-in oder im Geländefahrzeug von Sesfontein aus zu erreichen ist. Die neun eigenwillig gestylten Chalets des noblen Camps thronen auf einem Bergrücken hoch über dem Purros-Tal im nordwestlichen Kaokoveld in unmittelbarer Nähe der Himba-Krale. An Wildtieren zeigen sich hier Wüstenelefanten im nahen Canyon des Hoarusib River, schwarze Nashörner, Giraffen und manchmal auch Löwen. Da die Atlantikküste nicht mehr als 65 Kilometer entfernt ist, starten vom Purros-Airstrip auch Besichtigungsflüge zur Skelettküste. Nach einer Stunde Fahrt im geschlossenen Spezialfahrzeug durch bizarre Mondlandschaften – von Purros aus – stellt ein Warnschild neben der Piste die Eintrittsmodalitäten in das private Skeleton-Schutzgebiet klar: »Skeleton Coast Park, Private Concession Area, Strictly No Entry«. Das Skeleton Coast Camp – sechs komfortable Zelte auf hölzernen Plattformen – dient als rustikale Expeditionsbasis. Von

Lounge in der Divava Lodge & Spa, Popa Falls, Caprivi (oben links); Pool im Onguma Safari Camp, Etosha (oben rechts); das Onguma Safari Camp (großes Bild Mitte); Serra Cafema Wilderness Safaris Lodge (unten rechts).

Rechte Seite: Die Gäste der Luxuslodge Serra Cafema am Kunene River können Nachts die Krokodile schmatzen hören (oben rechts); Außenansicht des Onguma Safari Camps (oben links); die atmosphärische Suite im Mowani Mountain Camp bei Twyfelfontein, Damaraland (unten links); die Okahirongo Elephant Lodge in Purros, Kaokoland (unten rechts).

hier aus startet Wilderness Safaris ganztägige Exkursionen in vierradgetriebenen Landrover-Kastenwagen zur verbotenen Küste, wo die verblichenen Skelette verdursteter Seeleute und Schiffswracks locken. Und der Traum von unberührten Küsten- und Dünenlandschaften wird wahr – in einem riesigen privaten Konzessionsgebiet, das niemandem sonst Zutritt gewährt und keine Spuren im Sand produziert, außer den eigenen. Doch auch das ist noch steigerungsfähig: Eine der frappierendsten und komprimiertesten Landschaften weit und breit hält die Serra Cafema Lodge besetzt. Vom Hartmann Valley Airstrip geht es noch eine Stunde per Landrover offroad durch eine obskur schöne Welt aus zersägten Bergketten und gewaltigen Sandpaketen, mit Blick auf die 2000 Meter hohen Cafema Mountains jenseits der angolanischen Grenze. Wenn sich der allradgetriebene Geländewagen eine Sandpiste mit extremem Gefälle vorsichtig hinuntertastet, beginnt die Zufahrt zum Wundertal. Tief unten glitzert der Kunene River in Dunkelgrün. Im Terrain der Krokodile tauchen, versteckt zwischen hohen Papyrusstauden, die strohgedeckten Dächer der Luxus-Lodge auf. Acht Pfahlbauten mit einer Größe von je 100 Quadratmetern, aus Naturmaterialien geschmackvoll zwischen gewaltige Sanddünen und das Flussufer gesetzt, schaffen für die Gäste eine filmreife Kulisse. Bergtouren, Bootsfahrten und Besuche umliegender Himba-Krale vermitteln auf berührende Weise den Zauber eines unberührten Paradieses. Nicht wenige Serra-Cafema-Gäste reisen mit traurigen Augen ab, mit dem Gefühl, einen magischen Ort voller Energie und von unerklärlicher Ausstrahlung verlassen zu müssen. Doch es gibt Trost. Während auf dem Flug nach Eros unten das biblisch-schöne Marienflusstal, die Giraffenberge und die Steilrandberge vorbeiziehen, werden in der Windhoeker Nobelherberge »Heinitzburg« die Tische der drei Feinschmecker-Restaurants Knight's Room, Felsenkeller und Leo's at the Castle für das abendliche Dinner gerichtet. Wer es nicht rechtzeitig auf die Liste der Reservierungen geschafft hat, kann sich auf der Burgterrasse eines traumhaften Ausblicks auf Windhoek erfreuen und bei exzellenter europäischer und afrikanischer Küche langsam Abschied nehmen. Mit einem erlesenen Gläschen Wein vielleicht, der im urigen Felsenkeller in Gestalt von 15 000 Flaschen reichlich vorhanden ist, wie die Eigentümer der kleinen, aber feinen Fünf-Sterne-Herberge, Beate und Jürgen Raith, glaubhaft versichern.

»Community Based Tourism« – sanfter Tourismus auf namibische Art

Eine sehr spezielle Art, Land und Leute kennenzulernen, eröffnet die Community Based Tourism Assistance (NACOBTA). Die nichtstaatliche Organisation hilft sozialen Kleingruppen, auf der Basis ökologisch-nachhaltiger Bewirtschaftung der natürlichen Ressourcen, am Tourismus teilzuhaben. NACOBTA dient dabei als Bindeglied zwischen interessierten Dorfgemeinschaften und dem staatlichen Managementprogramm für den Schutz und Erhalt der Naturschätze und wird unter anderem gefördert durch WWF, USAID sowie Joint Ventures mit etablierten Lodges – und nimmt zugleich Buchungen entgegen. Inzwischen unterhalten zahlreiche solcher Communities an landschaftlich reizvollen Stellen Campsites, wo den Reisenden neben der Übernachtung der Kontakt zur einheimischen Bevölkerung gleich mitvermittelt wird (Informationen unter www.nacobta.com.na).

Ein gutes Beispiel dafür ist das Camp Okarohombo, wo Himba aus der angestammten Dorfgemeinschaft am Kunene River, zwischen den Hartmann- und den Zebrabergen, einen Zeltplatz mit Grillstelle, Wasseranschluss, Duschen und WC betreiben: »There is a paradise at the end of the world that has a name: Marienfluss Valley!« Mit diesem Slogan bewerben sie ihr ungewöhnliches Projekt und beschönigen dabei nichts.

PLANEN, REISEN, GENIESSEN

Angestellte der Firma Lüderitz im ehemaligen Deutsch-Südwestafrika; Himba vor traditioneller Rundhütte; Wüstenstimmung im Dead Vlei, Sossusvlei; Camper auf einem Champingplatz in Tsumeb (von links oben im Uhrzeigersinn).

Die Düne 45 im Namib Naukluft National Park ist am besten mit einem 4x4 Camper zu erreichen.

Namibia entdecken

Allgemeine Informationen

Größe/Lage/Naturraum

Namibia teilt sich geografisch in vier charakteristische Zonen: die Namib-Wüste im Westen, die Hochebenen im Kernland, die Kalahari-Wüste im Osten und die wasserreichen Regionen vom nördlichen Kaokoland über das Ovamboland bis hin zum östlichen Ausläufer des Caprivi-Zipfels. Nicht zu vergessen die Atlantikküste, die als Reiseziel ihren eigenen Anspruch hat, geografisch aber zur Namib zählt, auch wenn sie gewaltige 1500 Kilometer lang ist. Die Küstenebene steigt auf einer Breite von 80 bis 150 Kilometern bis zum 1700 Meter hohen Kernland an. Dort krönt eine Reihe prächtiger Berggipfel Namibias Gebirgswelt, deren höchster mit 2573 Metern der Königstein im Brandbergmassiv ist. Die Kollegen halten aber gut mit: der Hohenstein (2319 m), der Gamsberg (2347 m), und eine Reihe weiterer Zweitausender, wohingegen sich das »Matterhorn Afrikas«, die »Spitzkoppe«, mit nur 1728 Metern beinahe mickrig ausnimmt. Namibias Welten verteilen sich auf einer Fläche von 824 269 Quadratkilometern. Damit ist es mehr als doppelt so groß wie Deutschland, weist aber bei lediglich 2,1 Millionen Bewohnern eine extrem niedrige Bevölkerungsdichte auf (2,5 pro km²). Da der mittlere Norden mit der 300 000 Einwohner zählenden Hauptstadt Windhoek der am dichtesten besiedelte Landesteil ist, gefolgt von den nördlichen Regionen Kavango und Ohangwena an der angolanischen Grenze, ist das Land selbst praktisch menschenleer.

Straßenschild im Bwabwata National Park (ganz oben); Camper in der Nähe von Purros (oben rechts); Touristen im Diamanten-Sperrgebiet von Lüderitz (unten links). Rechte Seite: Sonnenuntergang am Sambesi (oben); Freizeitsport in den Dünen (unten).

Klima/Reisezeit

Da Namibia auf der Südhalbkugel liegt, verlaufen die Jahreszeiten im Vergleich zu Europa entsprechend verschoben – in unserem Herbst beginnt dort der Frühling. Als Ganzes lässt sich Namibia klimatisch nur schwer festlegen: Die nördlichen Gebiete an der angolanischen Grenze und im Caprivi sind subtropisch und werden zwischen Januar und März von einer heftigen Regenzeit heimgesucht. Das kann bei 700 Millimetern Niederschlag bis zu 80 Prozent Luftfeuchte ergeben und auch straßentechnisch sehr unangenehm werden. Die Atlantikküste präsentiert sich ganzjährig mit moderaten 15 bis 25 Grad Celsius, dafür aber zuweilen auch neblig und friesisch feucht, was sie für Einheimische buchstäblich zur beliebten Sommerfrische macht, besonders wenn im namibischen Sommer zwischen Oktober und April große Landesteile mit 35 Grad und

mehr und einer extrem niedrigen Luftfeuchtigkeit (bis 10%) aufwartet. Im Namib Naukluft Park oder im Fish River Canyon werden dann wegen zu großer Hitze die Wanderwege »geschlossen«. In der Trockenzeit zwischen April/Mai und September/Oktober – dem namibischen Winter – sind die Tage bei bis zu 25 Grad klar und warm, die Nächte kalt bis frostig. Die Trockenzeit gilt als beste Zeit für die Tierbeobachtung, weil niederschlagsarme Perioden die Wildtiere an die Wasserlöcher treiben. Die schönsten Reisemonate sind – wie bei uns, nur eben jahreszeitenverdreht – Herbst und Frühling mit angenehmen Tagestemperaturen über 25 Grad und kühlen Nächten. Die unterschiedlichen Klimazonen machen Namibia zu einem Ganzjahresziel. Unter dem Wetter-Aspekt will ein Besuch je nach zu bereisender Region gut geplant sein. Zu bedenken ist auch, wen sollte es wundern, dass die Namibier gern ihr eigenes Land erkunden, vornehmlich in der Ferienzeit: Um Weihnachten und Ostern kann es deshalb vor allem in den Küstenenklaven eng werden. Besonders in den Weihnachtsferien von der ersten Dezemberwoche bis einschließlich dritte Januarwoche wird es kritisch. Zu Ostern gibt es nur über die Feiertage schulfrei, lediglich die Deutsche Höhere Privatschule Windhoek genehmigt sich ganze vier Wochen Ferien.

Bevölkerung/Sprache

Die Bevölkerung setzt sich aus den Herero, Nama, San, Himba, Kavango, Ovambo, Tswana und Damara zusammen, die mit den Namibiern europäischer Herkunft – Briten, Deutschen, kapholländischen Buren – eine multikulturelle Gesellschaft bilden. Neben der offiziellen Amtssprache Englisch werden an die 30 weitere Sprachen und Dialekte gesprochen, wobei Afrikaans in der Verbreitung an zweiter Stelle steht. Deutsch ist vor allem dort üblich, wo es traditionell deutschstämmige Namibier gibt.

Feste/Feiertage

In Windhoek findet im April der Karneval statt, Ende August/Anfang September in Swakopmund. Nicht immer treffen die karnevalistischen Ausdrucksformen der europäischstämmigen Namibier den Geschmack der afrikanischstämmigen Mitbürger, was beim alljährlich stattfindenden Oktoberfest nach zu vielen Maß Bier auch der Fall sein kann. Im März wird das größte Straßenfest Windhoeks gefeiert, das farbenfrohe Mbapira/Enjando Street Festival, im September das Bank Windhoek Arts Festival und im Oktober das Gams Arts Festival. Eines der größten Ereignisse des Landes findet am Maherero Day statt, dem Gedenktag an die im Aufstand gegen die deutsche Kolonialmacht gefallenen Herero.

1. Januar: Neujahrstag
21. März: Unabhängigkeitstag
6.–9. April: Ostern
1. Mai: Tag der Arbeit
4. Mai: Cassinga Tag (SWAPO-Gedenktag)
17. Mai: Christi Himmelfahrt
25. Mai: Afrikatag
26. August: Heldengedenktag
10. Dezember: Internationaler Menschenrechtstag
25. Dezember: Weihnachten
26. Dezember: Tag der Familie

An- und Abreise/Einreise

Die Entfernung zwischen Frankfurt und Windhoek beträgt exakt 8126 Kilometer, die Flugzeit ohne Zwischenlandung 9,5 Stunden. Air Namibia fliegt fünfmal pro Woche von Frankfurt (www.airnamibia.com), LTU zweimal pro Woche von München und Düsseldorf (www.ltu.de) direkt nach Windhoek. Mit South African Airways und Lufthansa funktioniert das nur über Johannesburg (www.lufthansa.com, www.flysaa.com), was etwas länger dauert, aber dafür lässt es sich auf dem Airport von Johannesburg hervorragend shoppen! Für Deutsche, Österreicher und Schweizer besteht keine Visumpflicht. Für die Einreise nach Namibia genügt ein Pass, der zum Zeitpunkt der geplanten Ausreise noch mindestens sechs Monate Gültigkeit hat. Kinder benötigen einen eigenen Reisepass mit Lichtbild. Der Internationale Flughafen Hosea Kutako liegt 45 Kilometer außerhalb der Hauptstadt, die per Taxi, Shuttlebus oder Mietwagen problemlos zu erreichen ist. Weiterflüge im Inland gehen über Windhoeks Domestic Airport Eros, der vor allem für jene interessant wird, auf die eine Fly-in-Safari wartet.

Praktisches von A bis Z

Ärztliche Versorgung

Die ärztliche Versorgung in den Provinzstädten ist gut. In Windhoek arbeiten drei Privatkliniken – Medi-Clinic in Eros, das Römisch-Katholische Krankenhaus im Stadtzentrum, Rhino Park Private Hospital in Stadtnähe – auf internationalem Niveau und mit hervorragender Ausstattung, sowie zwei staatliche Krankenhäuser. Problematisch sind abgelegene Gebiete. Schon aus Gründen eines Notfalltransportes ist deshalb anzuraten, eine Reisekrankenversicherung abzuschließen und dabei zu klären, welche Leistungen bezahlt werden. Die Broschüren des Fremdenverkehrsamtes listen Notfall-Telefonnummern der namibischen Rettungsdienste auf, die ein enges Netz bis in die entlegensten Ecken abdecken und im Ernstfall auch mit Hubschraubern und Flugzeugen anrücken. Beispielsweise »International SOS Namibia« mit 24-Stunden-Service und zwei Ambulanz-Flugzeugen über Notruf 112 oder 00264(0)61/23 0505 oder 24 9777. Apotheken sind in Namibia gut bestückt und bieten ein breites Sortiment an Medikamenten an. Das Leitungswasser ist sauberes Trinkwasser, es sei denn, es ist ausdrücklich anders gekennzeichnet.

Auskunft/Informationen

Die gut ausgebaute touristische Infrastruktur im Land wird unterstützt durch ein ausgezeichnetes Informationsangebot in Deutschland, im Web und vor Ort: *Namibia Tourism* in Windhoek, Independence Avenue, Tel. 061/220640, www.namibiatourism.com.na, und das *Windhoek Information & Publicity Office* in der Post Mall Street mit Infos zur Stadt, Tel. 061/2902058 sowie www.wheretostayonline.com. In Deutschland: *Namibia Tourism Board*, Schillerstraße 42–44, 60313 Frankfurt/Main, Tel. 069/133736-0, Fax 133736-15, info@namibia-tourism.com, www.namibia-tourism.com. In Lüderitz gibt es die besten Infos (deutschsprachig) bei *Tours & Safaris*, Bismarckstraße, Tel. 00264 63 202719, ludsaf@africaonline.com.na, members.africa-adventure.org. In Swakopmund im *Namib Information Centre*, Sam Nujoma Ave, Tel./Fax 00264/64/403129, Fax 00264/64/404827, swainfo@iafrica.com.na, www.swkmun.com.na. In Tsumeb bei *Travel North Namibia Tourist Office*, 1551 Omeg Allee, Tel. 067/220728, travelnn@tsu.namib.com. Auch *Namibia Wildlife Resorts* ist in Windhoek (Ecke Moltke-/John-Meinert-Straße, Tel. 061/2857000, www.nwr.com.na) als Informationsstelle der Nationalparks sowie Buchungszentrale aller staatlichen Lodges und Campingplätze in den Parks vertreten. In einigen Parks, zum Beispiel Etosha, sind die Unterkünfte lange im Voraus ausgebucht, sodass rechtzeitige Information über den Buchungsstatus zur Vorplanung gehört. Nützliche Adressen in Notfällen: *Deutsche Botschaft in Namibia*, Sanlam Centre, 6th floor, 154 Independence Avenue, Windhoek, Tel. 064/61/273 100 und 133, germany@iway.na, Bereitschaftsdienst: mobil 081/124/3572, ww windhuk.diplo.de. *Botschaft der Republik Namibia in Deutschland*, Wichmannstrasse 5, 10787 Berlin, Tel. 030/254095-0, namibiaberlin@aol.com, www.namibia-botschaft.de. Gut versorgt auch die »Allgemeine Zeitung« online Leser in aller Welt: www.az.com.na.

Auszeit für Frauen

Der Dormagener Afrikareisen-Spezialist Iwanowski's Reisen bietet erstmalig zwei Kleingruppen-Reisen nur für Frauen durch den Norden sowie den Süden Namibias an. Die Touren sind bereits ab zwei Personen buchbar und werden von einer deutsch-/englischsprachigen Reiseleiterin geführt Informationen unter www.iwanowski.de, www.afrika.de).

Baden

Das Wasser des Atlantiks bleibt mit maximal 15 Grad ziemlich kalt – Unerschrockene nehmen sich trotzdem Badesachen mit. Zudem gibt es zahlreiche Hotels und Lodges mit herrlichen Pools, die sich an über 300 Sonnentagen im Jahr wohlig warm aufheizen.

Einkaufen/Souvenirs

Wer sich am Anfang seiner Reise in Windhoek aufhält, kann sich im Namibia Crafts Centre in der Talstraße beinahe die gesamte Palette namibischer Souvenirs anschauen. Das ist lohnend, um ein Gefühl für Angebote und Preise zu bekommen. Eine Reihe von Produkten lässt sich in den Regionen, wo sie hergestellt werden – zum Beispiel die schönen Korbflechtereien der Ovango und die Schnitzkunst der Kavango –, sicher günstiger erstehen. Andere sieht man

Handarbeiten von Herero-Frauen (oben); Diamanten-Sperrgebiet um Lüderitz (rechts); im Desert Express (unten und ganz rechts).

nie wieder, also sollte man zugreifen, wenn man von einer Sache überzeugt ist. Viel importierte Schnitzkunst, Billigschmuck und Kitsch jeder Art bieten die Straßenhändler in der Post Mall Street an. Gleich um die Ecke gibt es aber auch einige schöne Geschäfte für Souvenirs und Kunsthandwerk gehobener Qualität. Windhoek ist das Zentrum der Lederindustrie. Wer Zeit und Lust hat, fragt sich zu einer der Gerbereien durch und kauft Felle dort wesentlich preiswerter ein. Aber Achtung: das Artenschutzabkommen! Man sollte niemals Leder geschützter Tierarten kaufen oder zum Beispiel Produkte aus Elfenbein. Eine Reihe von Galerien stellt Arbeiten einheimischer Künstler aus. Besonders Gewebtes aus Karakul-Schafwolle hat seinen Wert, ebenso Mineralien und Edelsteine, die in erstklassiger Qualität nicht nur im renommierten House of Gems in Windhoek ausgestellt sind. Vielleicht sollte der Kauf eines souvenirstarken Diamanten stilecht in Lüderitz erfolgen. Bezahlt wird in namibischen Dollars (N$), aber auch südafrikanische Rand werden eins zu eins als offizielles Zahlungsmittel akzeptiert. An Geldautomaten lässt sich mit PIN-Nummer problemlos Bargeld abheben, Banken sind montags bis freitags von 9–15.30 Uhr und samstags von 8.30–11.00 Uhr geöffnet. Die meisten Geschäfte und gastronomischen Betriebe akzeptieren Kreditkarten. Shops in entlegenen Ortschaften und Tankstellen nehmen nur Bargeld an. Achtung bei der Ausreise: Mehrwertsteuerrückerstattung (VAT) für Waren mit einem Mindestwert ab N$ 250 ist am Hosea Kutaki International Airport möglich, deshalb sollte man sich unbedingt beim Kauf VAT-Quittungen ausstellen lassen und aufheben.

Elektrizität

Das Stromnetz arbeitet auf 220/240-Volt-Basis, die Stecker sind allerdings dreipolig. Entsprechende Adapter sind in Supermärkten und Tankstellenshops erhältlich. Achtung: Manche sehr abgelegenen Lodges können aufgrund ihrer Stromversorgung nur eingegrenzte Ladezeiten für Kamera-Akkus anbieten, deshalb sind Ersatz-Akkus zu empfehlen. Aus gleichem Grund sind Haartrockner häufig nicht zu benutzen.

Fortbewegung

Wer Namibia auf eigene Faust erkunden möchte, kann auf eine moderne Infrastruktur zählen. Die beginnt mit erstklassigem Kartenmaterial, das alle Hauptrouten als Teerstraßen, Schotter- und Sandpisten nach unterschiedlicher Qualität kennzeichnet. Mit über 42 000 Kilometern unterhält Namibia das am besten ausgebaute Straßennetz Afrikas. Auch wenn in manchen Regionen (Kaokoveld!) geländegängige Fahrzeuge und das entsprechende Offroad-Know-how vorausgesetzt werden, sind die meisten der namibischen Strecken – wenn nicht anders gekennzeichnet – mit normalen Pkws zu befahren. Selbst hier gilt allerdings die Straßenverkehrsordnung mit einer Höchstgeschwindigkeit von 60 km/h in Dörfern und Städten, außerhalb 120 km/h auf Teerstraßen und 100 km/h auf Schotterstraßen. Ungeübte sind gut beraten, auf Schotterstraßen langsamer zu fahren, da Überholvorgänge, Staubentwicklung, Steinschlag, Bodenwellen und Seitenwinde unkalkulierbare Gefahren mit sich bringen können. Außerdem besteht auch hier Anschnallpflicht, und der Gebrauch eines Handys ist verboten. Auch wenn Linksverkehr und Rechtssteuerung vorherrschen, ist Namibia aufgrund seiner geringen Verkehrsdichte für Selbstfahrer weitgehend unproblematisch. Trotzdem ist umsichtiges Fahren angesagt – die Unfallstatistik spricht eine unmissverständliche Sprache. Der Mietwagen sollte beim Pistenfahren wegen der Radgröße und der Bodenfreiheit nicht zu klein sein. Achtung Wildwechsel! Entsprechende Hinweisschilder sind nicht nur illustre Fotoobjekte für Touristen. Wer mit einem Nashorn zusammenprallt, fährt nirgends mehr hin – ein Grund mehr, auf keinen Fall Fahrten nach Einbruch der Dunkelheit zu unternehmen. Ein Netz aus Tankstellen und Übernachtungsmöglichkeiten, Picknickplätzen sowie Wildlife-Lodges in Nationalparks und Game Reserves deckt landesweit so gut wie alle Hot Spots ab. Zwischen Etoshapfanne im Norden und Fish River Canyon im Süden lassen sich die anderen Highlights so einplanen, dass große Distanzen zu moderaten Etappen zusammenschrumpfen. Wer gerne campt, kommt in Namibia voll auf seine Kosten. Die Reisebuslinien Intercape Mainline und Star Line unterhalten Dienste zwischen den größeren Städten Namibias sowie zu Zielen in Südafrika und zu den Viktoriafällen. Die Verbindung von Mariental nach Walvis Bay führt sogar quer durch den Namib Naukluft Park. Namibias Schienennetz hat eine Gesamtlänge von etwa 2500 Kilometern; die Züge der TransNamib erreichen von Windhoek aus alle größeren Städte. Wer es nicht eilig hat und die Landschaft genießen will, findet in der Bahn eine preisgünstige Reisemöglichkeit – die Fahrpläne werden recht genau eingehalten. Luxusreisezüge für Touristen sind der zwischen Windhoek und Swakopmund fahrende Desert Express sowie die südafrikanischen Luxuszüge Shongololo Express und Rovos Rail. Günstig lässt es sich mit Overlander reisen, die mit Lkw und offener Pritsche selbst in den abgelegensten Gebieten wie Skeleton Coast und Kaokoveld unterwegs sind. Die schnellste Art, Namibias große Distanzen zu überbrücken, ist das Flugzeug. Flüge von Air Namibia verbinden die größeren Städte. Hunderte kleinere Airstrips, die von Charter-Airlines bedient werden, sind über das ganze Land verteilt.

Fotografieren

Beim Fotografieren von Menschen in Nahaufnahme sollte man um Erlaubnis bitten. Manche »Fotomodelle« erwarten eine Entlohnung in Sachwerten oder in Geld. Fotogene Himba-Mädchen in Windhoek betreiben das Geschäft routiniert und können sehr heftig reagieren, wenn man nicht zahlt. Bei Besuchen von Himba-Dörfern sollte man die Regeln der Guides einhalten und weder Geld noch Geschenke verteilen, vielmehr dort angebotene Handycrafts kaufen, wenn man die Gemeinschaft unterstützen will.

Gesundheitsvorsorge

Es sind keinerlei Impfungen vorgeschrieben, doch eine Malariaprophylaxe oder eine entsprechende Standby-Medizin wird für den Norden – Kaokoveld, Etoshapfanne, Damaraland, Ovamboland und vor allem Caprivi – während der Regenzeit zwischen November und Mai empfohlen. Immer gilt: Stiche am besten von vornherein vermeiden! Dabei helfen Moskitonetze, gute Abwehrsprays und schützende Kleidung. Im Norden ist auch vereinzelt mit Bilharziose zu rechnen, allerdings nur in stehenden oder langsam fließenden Gewässern. Also Vorsicht beim Baden. Übrigens: Krokodile fürchten sich nicht vor Bilharziose. Es liegt im Ermessen jedes Einzelnen, sich gut zu informieren und zu entscheiden, ob weitere Vorsorgeimpfungen wie Tetanus oder Hepatitis A und B notwendig sind. Infos darüber gibt es bei den Tropeninstituten und im

Mit dem Luxuszug durch die Wüste

Immer dienstags und freitags rumpeln die Waggons des exklusiven Desert Express aus dem Windhoeker Bahnhof, um eine abenteuerliche Zugreise auf dem Weg nach Swakopmund in der verlangsamten Perspektive zu zelebrieren. Namibias Luxuszug braucht zwar 20 Stunden bis zur allseits beliebten Küstenstadt am Atlantik, dafür schaukeln seine Passagiere auf einer der tollsten Sightseeing-Routen erst gemächlich durchs zentrale Hochland und dann mitten durch das Sandspektakel der Namib. Natürlich finden auch Zwischenstopps statt, zwecks Löwenfütterung und Kletterprobe in den riesigen Sanddünengebirgen. Und: Selbstverständlich wird, wie auf jeder Safari, zum Sonnenuntergang der obligatorische Sundowner serviert, nur auf Schienen, im Salonwagen. Mittwochs und samstags geht es von Swakop zurück in die Hauptstadt. Die Zugabteile verfügen über einen kleinen Tisch und aufklappbare Betten inklusive Bettwäsche, während der Fahrt lässt es sich im komfortablen Speisewagen landestypisch speisen. Die Adressen der Abreise: Natürlich jeweils die Bahnhofstraße in Windhoek und Swakopmund. Nähere Info unter: dx@transnamib.com.na und www.transnamib.com.na/dx

Einheimische auf dem Sambesi (oben); mit dem Quad durch die Sandberge am Kunene River (Mitte); Sams Giardino House, Swakopmund (unten); Campingplatz in Tsumeb (rechte Seite).

Dornier DO 27

Vor der Reparaturhalle »Maintenance & Parts Trading« parkt in Sichtweite des Towers eine einmotorige Maschine mit der Kennung D-EBJS, die sie als früheres Eigentum der deutschen Luftwaffe enttarnt. Das Typenschild liefert Details: DO 27 A-1, 1959, Werk-Nr. 27-1003-604, Dornier-Werke Friedrichshafen, Werke München. Bei der letzten Landung auf Eros hatten die beiden Bremsen unterschiedlich stark gezogen und der Dornier-Oldie sich zweimal gedreht. Workshop-Manager Marco Biesemann, ein waschechter Swakopmunder, beschaffte die notwendigen Ersatzteile über Sammlerbörsen aus Deutschland: Höhenleitwerk, Randbogen, Benzinpumpe. Aus den Dornier-Werken, sagt er, gebe es für ein Baujahr 1959 nichts mehr zu holen. Eigentümer und Pilot Alex Schmidt freut sich auf sein solides Fluggerät »Made in Germany« und schätzt die guten Eigenschaften der DO 27 auf kurzen, unbefestigten Pisten. Vor allem aber ihre hervorragenden Langsamflugeigenschaften: Ist sie erst wieder fit und technisch einwandfrei, wird sie ihre Runden drehen über Elefantenherden, Dünenfeldern und verlassenen Diamantenminen.

Internet unter www.auswaertiges-amt.de, www.who.int/ith (WHO), www.crm.de (Centrum für Reisemedizin) oder unter www.fit-for-travel.de. Zu bedenken sind vor Abreise die Mitnahme von Medikamenten in Form einer Reiseapotheke sowie Ersatz für Brillen und/oder Kontaktlinsen. Wenn es losgeht: Zehn Stunden im Flugzeug sind eine lange Zeit, die eine Thrombosegefährdung mit sich bringt. Deshalb während des Fluges immer für ausreichend Bewegung sorgen.

Körperlich beeinträchtigte Reisende

Spezielle Einrichtungen für Behinderte sind eher selten, dennoch bietet Namibia dank europäischer Standards, günstiger klimatischer und medizinischer Verhältnisse sowie mehrheitlich ebenerdiger Übernachtungsstätten gute Voraussetzungen als Reiseland für körperlich Beeinträchtigte.

Mit Kindern unterwegs

Namibia ist eine kinderfreundliche Destination! Aufgrund des trockenen und gesunden Klimas, der guten medizinischen Versorgung, der hervorragenden Infrastruktur und einer Reihe preiswerter Unterkünfte lässt sich das Land ganz hervorragend mit Kindern bereisen. Es sei denn, sie sind zu klein, und das Herumreisen ist für sie eher eine Qual. Erhöhte Aufmerksamkeit gilt beim Sonnen- und Moskitoschutz, beim Schuhwerk und bei den allgemeinen Sicherheitsregeln, sobald das namibische Wildlife auf den Plan tritt.

Museen

Mit einer landestypischen Louvre-Ausgabe kann Namibia nicht aufwarten, dennoch gibt es eine Reihe kleiner, aber feiner Museen, die besuchenswert sind. Dazu gehören das Minenmuseum in Tsumeb, das Freilichtmuseum Kolmanskoppe in Lüderitz, das Swakopmund-Museum zu Füßen des Leuchtturms, unbedingt das Freiluftmuseum in Twyfelfontein und die historische Abteilung des National Museum of Namibia in der Alten Feste in Windhoek, dem ältesten erhaltenen Gebäude der Stadt aus dem Jahr 1892.

Post/Internet

Die Postämter der NamPost sind Mo–Fr 8.30–16.30 Uhr und samstags von 8.30–11.00 Uhr geöffnet; auch Telefonieren und Faxen ist möglich. Sendungen aus Windhoek nach Europa dauern nur wenige Tage, aus dem Landesinneren allerdings bis zu zwei Wochen. Internetzugang gehört in vielen Hotels und Lodges zum

Discoverer

Die »Windhoeker Buchhandlung«

Natürlich war die Adresse noch etwas werbeträchtiger, als der Schwiegervater von Uwe Mögenburg, dem jetzigen Eigentümer, im Oktober 1958 die »Windhoeker Buchhandlung« gründete – und die Independence Avenue noch »Kaiserstraße« hieß. Mit seinen drei deutschen und zwei einheimischen Angestellten beging das Familienunternehmen gerade erst sein 50-jähriges Geschäftsjubiläum. Wobei, so merkt der Chef (der 1951 mit vier Jahren aus Sachsen-Anhalt nach Windhoek kam) etwas melancholisch an, es nicht wirklich Grund zum Feiern gab: Die traditionsreiche Bücherstube hat seine Kundschaft zunehmend an große Supermärkte und Shoppingzentren verloren, dazu wird die deutschsprachige Klientel naturgemäß immer kleiner, und das Schulbuchgeschäft, einst das Rückgrat der deutschen Buchhandlung, ist komplett weggebrochen. Romane, Kinderbücher und Nachschlagewerke liefert der Großhändler Koch, Neff & Vollmer von Stuttgart nach Windhoek, Zeitschriften wie »Spiegel« und »Die Zeit« kommen dienstags und freitags per Luftfracht aus Deutschland – mit nur einem Erscheinungstag Verspätung. Näheres unter: wbuch@iway.na

Standard, und in den meisten Städten stehen Internetcafés zur Verfügung.

Sicherheit

Namibia ist ein sicheres Reiseland. Das bedeutet allerdings nicht, dass es keine Kriminalität gibt, weshalb das Fremdenverkehrsamt eine Broschüre mit Sicherheitshinweisen und den wichtigsten Notfallnummern zusammengestellt hat. Besonders in der Hauptstadt nehmen Eigentumsdelikte zu. Deshalb sollten sich Besucher in puncto Sicherheit nicht nachlässiger als zu Hause verhalten und nicht nachts allein durch dunkle, unbekannte Gassen laufen. Generell gilt: Auch hier sind Wertgegenstände nicht in parkenden Wagen zu lassen, mancherorts sollte der ganze Wagen unter Aufsicht bleiben. Besonders dann natürlich, wenn dieser sichtbar mit Reisegepäck beladen ist. Gewisse Risiken bestehen an touristischen Brennpunkten, wo Trickbetrüger Opfer suchen. Auch in Sachen Kleinkriminalität bieten Swakopmund und Windhoek europäischen Standard. Beim öffentlichen Hantieren mit dem Geldbeutel ist Vorsicht geboten – besonders da, wo Gedränge herrscht. Auch wenn in den ländlichen und beinahe menschenleeren Gebieten Namibias Kriminalität so gut wie unbekannt ist, sollten Individualreisende ihr Ziel vor Einbruch der Dunkelheit erreicht haben. Leider führen Ratschläge zur Prävention schnell zu einem falschen Bild – Namibia gilt als eines der sichersten Reiseländer Afrikas.

Sport & Aktivitäten

Namibias Nationalsport ist der Fußball, gefolgt von Cricket und Rugby. Die Sportbegeisterung der Namibier geht quer durch alle Hautfarben. An den Küstenabschnitten um Swakopmund und Walvis Bay sind vor allem Windsurfen und Segeln angesagt, im Inland Klettern, Reiten und Hiken. Die sogenannten Adrenalinsportarten wie Gleitschirmfliegen, Ballonfahren, Sandboarding, Quadbiken und Four-Wheel-Pistenfahren werden immer beliebter. Auch Kanu- und Wildwasserfahrer kommen voll auf ihre Kosten, sofern sie auf dem Oranje River nicht mit einem übergroßen Diamanten kollidieren – oder auf dem Kunene mit einem Krokodil. Hochseefischen und Angeln ist vor allem bei den Einheimischen ein Thema, denn Namibias Gewässer – der Atlantik, Stauseen und Flüsse – gelten als außerordentlich fischreich. Der Erwerb eines Angelscheins und die Beachtung saisonaler Fangzeiten sind Voraussetzung. Eine Reihe gepflegter Greens wartet nicht nur in Windhoek auf Golfer.

Telefonieren

Telecom Namibia betreibt ein modernes Festnetz, das auf der Basis von Glasfaserleitungen bestens funktioniert, aber zunehmend vom Mobilfunk verdrängt wird. Handys erreichen einen Marktanteil von beinahe 50 Prozent, obwohl die Gebühren des Anbieters Mobile Telecommunications (MTC) das Doppelte der Festnetzgebühren betragen. Das Mobilnetz ist mit europäischen Handys kompatibel.
Eine SIM-Card kostet etwa 5 Euro inklusive einem Euro Gesprächszeit. Preiswert nach Hause telefonieren lässt sich auf Postämtern, wo es Telefonkarten für 10, 20 und 50 Namibia-Dollar (N$) gibt, und aus Telefonzellen. Die Vorwahl nach Deutschland ist 0049, die Vorwahl nach Namibia 00264, danach die Ortskennzahl ohne Null (z.B. 61 für Windhoek) wählen sowie die Nummer.

Unterkunft

Vom einfachen Campingplatz bis zur Luxus-Safari-Lodge steht Namibia-Urlaubern ein breites Angebot an Übernachtungslogistik zur Verfügung. Mit im Spektrum der unbegrenzten Möglichkeiten: Bed & Breakfast, Backpacker-Hostels, Gästefarmen, Pensionen, Mietbungalows und feine Stadthotels.

Währung

Das nationale Zahlungsmittel ist der Namibia-Dollar (N$). Er ist in 100 Cent unterteilt. Die namibischen Dollarscheine tragen alle ein Porträt des Nama-Führers Hendrik Witbooi und werden ausgegeben als 10 N$, 20 N$, 50 N$, 100 N$ und 200 N$. Münzen gibt es zu 5, 10, 20 und 50 Cent sowie 1 N$ und 5 N$. Die Banken bieten im Allgemeinen die besten Wechselkurse, leider muss oft mit langen Wartezeiten gerechnet werden. Es ist daher ratsam, gleich bei der Ankunft am Flughafen zu tauschen.

Zeitverschiebung

In der europäischen Winterzeit ist Namibia eine Stunde weiter, in der Sommerzeit eine Stunde hinterher. Die Zeitumstellung erfolgt in der ersten Samstagnacht im April und in der ersten Samstagnacht im September. Achtung: In einigen Naturschutzparks (z.B. Etosha) sind Sonnenaufgang und Sonnenuntergang und nicht die Uhrzeit für Ausfahrt/Einlass maßgeblich.

Zoll

Es dürfen 400 Zigaretten oder alternativ 50 Zigarren oder 250 g Pfeifentabak zollfrei eingeführt werden, dazu ein Liter Spirituosen, zwei Liter Wein, 50 ml Parfüm und 250 ml Eau de Toilette. Fremdwährung kann in unbegrenzter Höhe mitgebracht werden. Faustfeuerwaffen sind in Namibia verboten, Jagdgewehre mit Waffenbesitzschein sind gestattet. Waffen und Munition müssen deklariert werden. Wer Haustiere mitbringen will, muss dafür die nötigen Impfungen/tiermedizinischen Unterlagen vorweisen. In Nationalparks und Wildschutz- sowie Naturschutzgebieten sind Haustiere nicht zugelassen.

Linke Seite: Ob sie auf dem Hosenboden eine Düne herrunterrutschen oder mit dem Jeep an der Küste entlang fahren, die Skelettküste ist immer einen Aufenthalt wert.
Rechte Seite: Liebevoll ausgestattet mit einer angenehmen Mischung aus Moderne und Tradition, das Olive Grove Guest House in Windhoek.

James Krüss

Südwestafrika

Jung wie Webervögelkinder,
alt wie die Welwitschia,
voller Schafe, Zebras, Rinder,
sah ich Südwestafrika.

Auf unendlich langen Wegen
sah ich Farmen, Busch und Stein.
Um Geparden zu erleben,
stieg ich in die Naukluft ein.

Wüste sah ich, Wasserstellen,
den Schakal, den Wüstenhund.
Ich sah Windhuk mit den Quellen
und am Meere Swakopmund.

Ich sah abends Riesenmotten.
Ich sprach tags so manchen Baas.
Ich sah Nama (Hottentotten),
ich sah Karfern (Damaras).

Was ich sah und was ich hörte,
ob auf Farmen, ob im Veld,
was mich lockte und betörte,
stammt vom Anfang dieser Welt.

Tiere, Pflanzen, Minerale,
Busch und Wüste, Land und Meer,
der Ovambo selbst im Krale:
Alles stammt vom Anfang her.

Altes Land des Anfangs, werde
wieder jung und wachs und blüh!
Wer so alt ist wie die Erde,
der ist auch so jung wie sie.

Fünf Routen durchs Land

Route 1

Windhoek – Okahandja – Otjiwarongo – Otavi – Tsumeb – Etosha (über 550 Kilometer)

Auf dem Friedhof des ehemaligen Verwaltungssitzes der deutschen Kolonialmacht, Okahandja, liegen die Gräber von Jan Jonker Afrikaner und vom Nama-Häuptling Maherero. Die frühere Station der Rheinischen Mission wartet mit einem deutschen Fort und der Friedenskirche aus dem Jahr 1876 auf. Die Hauptattraktion des Städtchens, das beim Streckenbau der Linie Swakopmund–Tsumeb 1906 entstand, ist die in Kassel gebaute Lokomotive Nr. 41 der Firma Henschel. Von hier aus ist ein Abstecher in den Waterberg Plateau Park zu empfehlen, denn der Waterberg Wilderness Trail ist eines der schönsten Wandergebiete. Bevor es zur Minenstadt Tsumeb geht, der letzten Station vor der Etoshapfanne, macht sich ein kleiner Umweg über die B 8 nach Grootfontein, einem Kolonialstädtchen wie aus dem Bilderbuch, bezahlt. 1896 wurde Grootfontein mit dem Bau seines deutschen Forts (heute Museum) zur deutschen Garnisonsstadt gemacht.

Route 2

Windhoek – Gamsberg Pass/ Spreetshoogte Pass – Solitaire – Sesriem – Sossusvlei (400 Kilometer)

Nicht die bequemste Anreise von Windhoek ins Sanddünenmeer des Sossusvlei, aber die schönste: Über den Kupferberg-Pass geht es auf der C 26 durch beeindruckende Gebirgslandschaften zunächst über den Gamsberg-Pass am 2347 Meter hohen Gamsberg vorbei. Bei klarer Sicht wird die Mühe mit einem herrlichen Ausblick über die Namib belohnt. Wer es noch eine Spur härter braucht, bekommt das Bergpanorama noch spektakulärer auf der D 1261 über den Spreetshoogte Pass (1780 Meter, mit 23 Prozent Steigung der zweitsteilste im Land). Die C 14 führt in südlicher Richtung über den Gaub-Pass nach Solitaire und an den 1965 Meter hohen Naukluftbergen vorbei bis Sesriem. Vom Parktor bis ins Sossusvlei sind es noch 70 Kilometer.

Route 3

Sesriem–Helmeringshausen–Aus–Lüderitz (400 Kilometer)

Wer es bis Sesriem/Sossusvlei geschafft hat, packt auch die Anschlussetappe bis nach Lüderitzbucht. En route auf der C 27 in südlicher Richtung liegt das NamibRand Nature Reserve mit der Wolwedans Lodge und nach dem Abzweig der D 826 in Betta das verrückte Wüstenschloss des preußischen Artillerie-Offiziers Baron Hansheinrich von Wolf, Duwisib Castle. Mit etwas Glück tauchen westlich von Aus neben der B 4 die Wüstenpferde von Garub auf, bevor es zielgerade und zuweilen sandverweht, jedoch asphaltiert bis nach Lüderitz geht. Dort endet die Route mit einer Rundfahrt um die Lüderitzhalbinsel. Stationen sind: Große Bucht, Knochenbucht, Halifax Island, Diaz-Kreuz, Sturmvogelbucht und der weithin sichtbare Leuchtturm aus dem Jahr 1910. Auf der Rückfahrt nach Windhoek (836 Kilometer) wären für den Fish River Canyon ab Seeheim retour noch einmal um die 200 Kilometer extra zu fahren.

Route 4

Windhoek – Okahandja – Karibib – Swakopmund (363 Kilometer)

Die meistbefahrene Strecke Namibias verbindet die Hauptstädter über die B1/B2 in nur drei Stunden mit ihrem geliebten Seebad Swakopmund. Südwestlich von Okahandja betreibt Namibia Wildlife Resorts auf der ehemaligen Missionsstation Groß Barmen eine Thermalbad-Oase mit Wellnessfarm. Karibib ist eine architektonische Preziose aus hübsch restaurierter Kolonialarchitektur. Sie lebt vom hochwertigen Karibib-Marmor, der seit 1904 hier abgebaut und in alle Welt exportiert wird. Vor dem Bahnhof in Usakos erinnert die Henschel-Lokomotive Nr. 40 an die wilden Zeiten der Erschließung, in der Ferne ragen der Hohenstein und der Erongo

über 2200 Meter auf. Nach 24 Kilometern biegt die D 1918 zum »Matterhorn Namibias« ab, dem Spitzkoppe-Massiv. Bei Arandis, 55 Kilometer vor Swakop, sind in der Rössing-Mine, dem weltgrößten Uran-Tagebau, 2500 Menschen beschäftigt.

Route 5

Swakopmund–Henties Bay–Cape Cross–Twyfelfontein–Torra Bay–Swakopmund (1000 Kilometer)

Wer Swakops kuriose Jugenstilidylle am Rande der Wüste ausgiebig erkundet hat, kann getrost zur wilden Skelettküste aufbrechen. Über die Salzstraße führt die erste Etappe via Wlotzkasbaken nach Henties Bay und gleich weiter zu Cape Cross. Nasenklammern sollten griffbereit liegen, weil der Gestank von 100 000 bis 200 000 Robben selbst leidgeprüften Geruchsorganen zusetzen kann. Nördlich von Henties Bay zweigt die C 35, eine Schotterstraße, ins Hochland ab. Auf dem Weg über Uis nach Khorixas erhebt sich linker Hand das Brandbergmassiv mit dem Königstein klotzig aus der Ebene. Vor Khorixas zweigt die D 2612 links ab zu den Besichtigungs-Highlights des Damaralandes: Orgelpfeifen, Verbrannter Berg, Versteinerter Wald und Twyfelfontein.

Liebhaber desolater Küstenstrecken finden eine maßgeschneiderte für die Rückfahrt: die C 39, die bei Torra Bay den Atlantik erreicht und nach 330 rauen Kilometern wieder beim Jugendstil ankommt.

Linke Seite: Edelsteine gefällig? Sonderangebot am Strassenrand im Damaraland (links); Die »White Lady« Felsmalereien beim Brandberg (rechts).

Rechte Seite: Baumskulptur im Namib Naukluft Park (links); Sesriem Canyon (rechts).

REGISTER

Personenregister

Sachregister

Impressum

DER FOTOGRAF
Christian Heeb, 1962 geboren, ist einer der erfolgreichsten Reisefotografen weltweit. Seine Fotos und Bildreportagen erscheinen in Magazinen wie »Abenteuer & Reisen«, »Animan« und »Grands Reportages«. Er ist Bildautor von über 100 Büchern und unzähligen Kalendern. Christian Heeb lebt auf einer Ranch in Bend, Oregon (USA). Er wird in Deutschland durch die Agentur laif in Köln vertreten. Seine Bilder werden international publiziert und ausgestellt. www.heebphoto.com

DER AUTOR
Roland F. Karl produziert seit 30 Jahren als freier Autor und Fotograf Reisereportagen für Printmedien, u.a. für »Die Zeit«, »Stern«, »FAZ«, »Abenteuer & Reisen« und das »Handelsblatt«. Darüber hinaus ist er mit seinen Texten und Bildern an zahlreichen Buchpublikationen beteiligt. Namibia bereiste er mehrfach, wobei ihn »Der Ort, an dem nichts ist« nicht nur durch seine außerordentlich beeindruckenden – und vor allem menschenleeren – Landschaften begeisterte.

LITERATUREMPFEHLUNG
Hans-Otto Meissner, Traumland Südwest, Mundus Verlag Stuttgart, 1979.
Walther Wülfing, Dich ruft Südwest, Verlag Deutsche Buchwerkstätten Leipzig, 1930.
Peter Scholl-Latour, Afrikanische Totenklage, C. Bertelsmann München, 2001.
Georg Hartmann, Meine Expedition 1900 ins nördliche Kaokofeld, in: Geographische Charakterbilder, Friedrich Brandstetter Leipzig, 1923.

DANK
Autor und Fotograf bedanken sich bei:
www.keacampers.com
www.ExclusiveTravelChoice.com
www.wilderness-safaris.com

BILDNACHWEIS
Archiv für Kunst und Geschichte, Berlin: S. 23 r. u., 22/23 u., 26 r. u.; Deutsche Fotothek, Dresden: S. 20 r.o., 20 u., 21 o., 21 l.u.; Clemens Emmler, Simonswald: S. 181 l.u.; Thomas Härtrich, Leipzig: S. 46 r.M.; Roland F. Karl: S. 50 o.r., 61, 63, 68 l. und M.r, 69r. (4), 70, 73 (2), 74 l., 75 r., 79, 106/107 (7), 111, 146, 148 l. M., 152 r., 183 l.o.; Dieter Kreutzkamp: S. 68/69, 68 r.u., 182/183 u. und r. o.; picture-alliance/dpa, Frankfurt am Main: S. 23 r. o. (2); Th. Rehbock: Deutsch-Südwest-Afrika, Berlin 1998: S. 20 u.; Sächsische Landesbibliothek, Abt. National Archives Windhoek: S. 22 l., 22/23 o.; Staatliches Museum für Völkerkunde, München: S. 20 l.o.
Alle anderen Abbildungen stammen von Christian Heeb.

Umschlagvorderseite: Herero-Paar, Grootfontein (oben); Sonnenuntergang im Wolwedans Private Camp, Hardap-Region (unten).
Vorsatz: Namib Rand Nature Reserve, Hardap-Region.
Hintersatz: Sonnenuntergang am Kwando River, Caprivi.

Alle Angaben dieses Bandes wurden von den Autoren sorgfältig recherchiert und vom Verlag auf Stimmigkeit und Aktualität geprüft.
Allerdings kann keine Haftung für die Richtigkeit der Informationen übernommen werden.

Für Hinweise und Anregungen sind wir dankbar. Zuschriften an den:
Bruckmann Verlag,
Produktmanagement,
Postfach 400209,
80702 München,
E-Mail: lektorat@bruckmann-verlag.de

Projektmanagement:
Joachim Hellmuth
Cover, Reihengestaltung: uhlig / www.coverdesign.net
Grafische Gestaltung: Verlagsservice Dr. Helmut Neuberger, München
Textredaktion: Thomas Theise, Regensburg
Karten: Astrid Fischer-Leitl, München
Herstellung: Bettina Schippel
Repro: Repro Ludwig, Zell am See

Die Deutsche Nationalbibliothek – CIP-Einheitsaufnahme
Ein Titeldatensatz ist bei der Deutschen Nationalbibliothek erhältlich.

ISBN 978-3-7654-4870-6